La grammaire du français

*en 40 leçons
et 201 activités*

Patrick Guédon

Sylvie Poisson-Quinton

niveau **B1**

Editions Maison des Langues, Paris

Ce cahier de grammaire B1 vise à consolider les connaissances grammaticales acquises aux niveaux A1 et A2 et à les systématiser. La forme adoptée, une page d'explications / une page d'activités d'application, permet un va-et-vient constant entre acquisition des données et réemploi immédiat.

Page de gauche, les explications s'appuient sur de nombreux exemples. En vis-à-vis, page de droite, des activités permettent de réinvestir les contenus étudiés. Ces activités, aussi contextualisées que possible, sont autant de pistes vers des développements (inter)culturels.

Certaines activités sont plus strictement grammaticales (par exemple celles qui touchent à la conjugaison). Cependant, la plupart d'entre elles demandent une compréhension plus globale prenant en compte le sens : l'apprenant ne doit pas se contenter d'appliquer mécaniquement des règles mais doit répondre en considérant l'ensemble des paramètres proposés.

Les contenus grammaticaux suivent fidèlement les recommandations du CECRL (Cadre européen commun de référence pour les langues) en ce qui concerne le niveau B1. Outre les grandes parties du discours : noms, pronoms, verbes, prépositions, adverbes..., les apprenants auront à travailler sur des contenus permettant de réaliser un certain nombre d'actes de parole fondamentaux :

- décrire une personne, un phénomène, un objet, un lieu (les adjectifs, l'expression de la comparaison...) ;

- savoir se situer et situer des événements dans le temps et dans l'espace, raconter une suite d'événements de manière chronologique, présenter un projet, parler de l'avenir (les temps du passé, du présent, du futur, les articulateurs logico-temporels, les prépositions et les adverbes de lieu...) ;

- rapporter un discours (le discours rapporté et la concordance des temps) et le commenter (expression de l'opinion) ;

- proposer, suggérer, accepter, refuser en justifiant son refus ou en faisant une contre-proposition, argumenter un choix, une décision

(les relations logiques : cause, conséquence, but, opposition et concession, expression de la condition...) ;

- faire des hypothèses, exprimer des sentiments (l'expression de la modalité, les relations logiques : condition, hypothèse, regret...).

Tout au long des chapitres, des tableaux permettent de saisir immédiatement certains points grammaticaux ; par ailleurs, des petits encadrés mettent régulièrement l'accent sur des faits de langue auxquels il faut faire particulièrement attention (erreurs fréquentes à éviter, faux amis, etc.).

Ce cahier est utilisable en complément de toute méthode de niveau B1 et peut être travaillé soit en classe (en petits groupes, en binômes ou individuellement), soit en auto-apprentissage à la maison (pour des révisions, par exemple). Il couvre la totalité de ce qui est demandé pour le DELF B1 et il sera donc très utile pour aider à la préparation de ce diplôme.

De nombreuses activités s'appuient sur des documents audio, cela permet d'insister sur les intentions de communication et l'expression des sentiments des locuteurs et de faire travailler la compréhension des nuances à l'œuvre dans tout discours.

Chaque chapitre se termine par la rubrique *On fait le point !*. Il s'agit d'activités conçues comme des bilans qui reprennent l'essentiel des points abordés et offrent à l'apprenant la possibilité de vérifier si les contenus de ce chapitre sont acquis et, le cas échéant, de revoir ce qui doit l'être.

Un test final autocorrectif clôt chacun des chapitres.

Nous espérons que ce cahier vous aidera à comprendre que la grammaire, loin d'être un ensemble de règles arbitraires et indigestes, est un organisme vivant au cœur même des pratiques langagières.

Les auteurs

Sommaire

1. LES PRONOMS

Les pronoms servent à remplacer des noms. Il existe plusieurs sortes de pronoms : des pronoms personnels (sujets, toniques, compléments...), possessifs, démonstratifs, indéfinis, relatifs...

1.1 Les pronoms personnels sujets et toniques

Les pronoms personnels sujets

Les pronoms personnels sujets sont :

	1re personne	2e personne	3e personne
Singulier	je	tu / vous	il / elle / on
Pluriel	nous / on	vous	ils / elles

- Le masculin l'emporte sur le féminin.
  J'ai **trois filles et un fils**, **ils** sont tous très grands.

- **Vous** peut être pluriel et aussi singulier (le **vous** de politesse).
  Allez les enfants, **vous** êtes prêts ?
  Pardon monsieur, **vous** avez l'heure, s'il vous plaît ?

- **On** peut avoir plusieurs sens mais le verbe est toujours au singulier.
  Mes copains et moi, **on** se voit tous les week-ends. (**on** = nous)
  En Espagne, **on** dîne plus tard qu'en France. (**on** = les gens)
  Monsieur, **on** vous demande au téléphone. (**on** = quelqu'un)
  Alors, **on** ne dit plus bonjour ! (**on** = tu)

> Quand **on** a le sens de **nous**, le verbe est au singulier mais l'adjectif ou le participe sont au pluriel.
> Pierre et moi, **on était** vraiment **contents**.

Les pronoms personnels toniques

Ils sont toujours séparés du verbe. Ils remplacent un nom de personne.

	1re personne	2e personne	3e personne
Singulier	moi	toi / vous	lui / elle / soi
Pluriel	nous	vous	eux / elles

> Si **on** a le sens de **les gens**, le pronom tonique à utiliser est **soi**. Si **on** a le sens de **nous**, le pronom tonique à utiliser est **nous**.
> Quand il fait froid, **on** aime bien rester chez **soi**.
> Laura et moi, **on** rentre chez **nous**. Et vous ?

Emploi

On utilise les pronoms toniques :
- pour mettre en relief un autre pronom ou pour le renforcer.
  Moi, j'aime bien me promener ; et **toi**, tu aimes bien ça aussi ?

- pour insister, lorsqu'il y a une opposition, un contraste.
  Boris est végétarien mais sa femme, **elle**, mange un peu de viande.

- pour remplacer un pronom sujet quand le verbe est sous-entendu.
  – Qui veut du gâteau ?
  – **Moi** !

- après une préposition : **à**, **avec**, **pour**, **par**, **chez**, **entre**...
  Tu es libre pour déjeuner avec **moi** ?
  Ils aiment bien passer le dimanche chez **eux**.

1 Complétez avec *on*, *les gens*, *nous* ou *vous*.

1. Tu sais bien que _____ ne disent pas toujours la vérité.

2. Toi et moi, _____ est faits pour s'entendre.

3. Quand il fait beau, _____ sont tout de suite plus souriants.

4. Ne vous inquiétez pas, _____ va trouver une solution !

5. _____ êtes allemande ou suisse ?

6. Guillaume et moi, _____ sommes allés au ciné hier soir.

2 Complétez ce dialogue avec le pronom tonique qui convient puis écoutez le dialogue pour vérifier vos réponses.

Piste 1

– Qui a cassé le vase ?

– Ce n'est pas _____ !

– Ah, ce n'est pas _____ ! Et c'est qui alors ?

– Le chat. Je crois que c'est _____.

– Le chat ! Tu te moques de _____ !

  Ou c'est _____ ou c'est ton frère !

– Non, ce n'est pas _____. C'est Pauline.

  C'est vrai, c'est _____. Elle est venue jouer avec nous.

  On a joué au ballon, et voilà !

– Oui, enfin, c'est _____ tous ! Tous les trois !

3 Associez une question à la réponse qui correspond.

1. C'est pour qui ? Pour moi ?

2. Qui veut des bonbons ?

3. J'adore le chocolat. Pas toi ?

4. Tu sors avec Patrice ?

5. Elle habite chez qui ?

6. Où allez-vous ?

A. On rentre chez nous.

B. Moi, moi, moi !

C. Si, moi aussi.

D. Oui, avec lui et sa sœur.

E. Non, c'est pour Lisa.

F. Chez personne. Chez elle !

4 Complétez avec le pronom tonique qui convient.

1. C'est _____ qui avez appelé hier matin ?

2. C'est _____ qui suis en retard ou c'est _____ qui es en avance ?

3. Ah non ! Ce n'est pas _____ qui vous ai dit ça ! Jamais !

4. Mes voisins sont super ! C'est toujours _____ qui sortent la poubelle.

5. Je la connais. Ce n'est pas _____ qui dira le contraire !

6. C'est _____ qui faites tout ce bruit ? Taisez-vous !

1.2 Les pronoms personnels compléments

Les pronoms personnels compléments directs

	Masculin	Féminin
Singulier	le (l')	la (l')
Pluriel	les	

Les pronoms personnels compléments directs représentent des personnes ou des choses déterminées. Ils remplacent un nom précédé d'un article défini (**le**, **la**), d'un adjectif possessif (**mon**, **ton**, **son**, **notre**, **votre**, **leur**)
ou d'un adjectif démonstratif (**ce**, **cet**, **cette**, **ces**).
  – *Est-ce que tu as vu <u>le dernier film</u> de Romain Duris ?*
  – *Non, je ne **l'**ai pas encore vu.*

Les pronoms personnels compléments indirects

	Masculin	Féminin
Singulier	lui	
Pluriel	leur	

Les pronoms personnels compléments indirects sont des pronoms compléments d'un verbe suivi de la préposition **à**. Ils représentent toujours des personnes et leur forme est invariable.
  – *Je suis allé voir Xavier pour **lui** dire au revoir.* (dire quelque chose à quelqu'un)
  – *Et sa femme, elle était là ? Tu **lui** as parlé ?* (parler à quelqu'un)

  *Les étudiants sont contents : on **leur** a annoncé qu'il n'y aurait pas d'examen cette semaine.*
  (annoncer quelque chose à quelqu'un)

La place des pronoms compléments dans la phrase

Les pronoms personnels compléments directs et indirects se placent devant le verbe aux temps simples et composés, mais après le verbe à l'impératif positif.
  – *Mes voisins ? Je **les** connais un peu mais je ne **leur** parle pas.*
  – *Pourquoi ? Parle-**leur** ! Invite-**les** à boire un verre.*

S'il y a deux verbes, le pronom complément se met entre les deux verbes.
  *Tu vas **le** voir ?*
  *Je ne veux plus **leur** parler !*

S'il y a deux pronoms, il faut faire attention à l'ordre. À la troisième personne, le pronom direct est en première position.
  – *À qui Paul donne-t-il son numéro de téléphone ?*
  – *Il me le donne.*
  – *Il te le donne.*
  – *Il **le lui** donne.*
  – *Il nous le donne.*
  – *Il vous le donne.*
  – *Il **le leur** donne.*

1 Identifiez de qui ou de quoi on parle. Cochez la ou les bonnes réponses.

1. Non, je ne l'ai pas écouté.
   ☐ le discours du président   ☐ la radio   ☐ les CD   ☐ l'émission d'hier soir

2. Non, je ne l'ai pas encore fini.
   ☐ ma lettre   ☐ les devoirs pour demain   ☐ mon livre   ☐ mon travail

3. Je l'ai perdu hier dans le métro.
   ☐ mon passeport   ☐ mes clés   ☐ ma bague   ☐ mon sac

4. Mais oui, je l'ai reconnue immédiatement !
   ☐ un ami d'enfance   ☐ ta grand-mère   ☐ une vieille amie   ☐ tes parents

5. Non, je ne les ai jamais vus.
   ☐ ton copain   ☐ tes photos de vacances   ☐ ce film de Besson   ☐ tes parents

2 Complétez avec le pronom personnel complément.

1. – Tu as dit bonjour à ta grand-mère ?

   – Oui, je _____ ai dit bonjour et je _____ ai embrassée.

2. – Qu'est-ce que tu as offert à Christine pour son anniversaire ?

   – Je _____ ai apporté des fleurs et je _____ ai acheté un livre.

3. – Il a dit la vérité à ses enfants ?

   – Non, ils _____ ont demandé ce qu'il se passait mais il _____ a raconté des histoires.

4. – À qui il ressemble ? À son père ?

   – Oui, il _____ ressemble un peu physiquement, mais pour le caractère il ressemble plutôt à sa mère.

5. – J'ai un nouveau chien. Il est tout petit ! Et adorable !

   – Ah bon ! Et tu _____ as appelé comment ?

   – On ne _____ a pas encore donné de nom. On ne _____ a que depuis ce matin.

3 Remettez les phrases dans l'ordre.

1. – Laura a raconté son aventure à ses parents ?

   – Oui, _____. (la - racontée - elle - leur - a)

2. – Tes parents t'ont offert cette voiture pour tes vingt ans ?

   – Non, _____. (ils - l' - me - ont - pour Noël - offerte)

3. – On t'a donné les résultats de l'examen ?

   – Oui, _____. (me - donnés - hier - les - on - a - soir)

4. – Tu as expliqué ta décision à ton copain ?

   – Non, _____. (plus tard - la - expliquerai - je - lui)

5. – C'est vrai ? Tu lui as donné mon adresse e-mail et mon numéro de portable ?

   – Mais non, _____. (jamais - donnés - je - les - ne - lui - ai)

1.3 Les pronoms *en*, *y* et *le*

Le pronom *en*

En peut remplacer :

- un nom précédé de **un**, **une**, **des**, **du** ou **de la**.
  – *Vous avez une voiture ?*
  – *Oui, j'**en** ai une.*

- un nom de chose précédé de la préposition **de**.
  *Je m'occupe de mes plantes. = Je m'**en** occupe.*

- un complément de nom.
  – *Tu as lu le devoir de Yasmine ?*
  – *J'**en** ai lu juste une partie.* (une partie du devoir)

- un complément de lieu indiquant la provenance.
  – *La boulangerie est fermée !*
  – *Je sais, j'**en** viens !* (de la boulangerie)

- une proposition ou un infinitif (adjectif ou verbe construit avec **de**).
  *François est à nouveau célibataire, mais il s'**en** moque !* (se moquer de quelque chose)

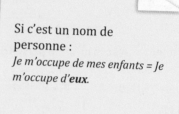

Si c'est un nom de personne :
*Je m'occupe de mes enfants = Je m'occupe d'**eux**.*

Le pronom *y*

Y peut remplacer :

- un nom de chose précédé de la préposition **à**.
  *David adore l'art. Il s'**y** intéresse depuis toujours.*

- un lieu, s'il indique la situation ou la destination.
  – *Tu connais Washington Square, à New York ?*
  – *Non, je n'**y** suis jamais allé.*

Si c'est un nom de personne :
– *Elle s'intéresse à Philippe ?*
– *Oui, elle s'intéresse **à lui**.*

La place des pronoms *en* et *y* dans la phrase

Avec un autre pronom, les pronoms **en** et **y** sont toujours en deuxième position.

*Il m'**en** donne.*	*Il m'**y** emmène.*
*Il t'**en** donne.*	*Il t'**y** emmène.*
*Il lui **en** donne.*	*Il l'**y** emmène.*
*Il nous **en** donne.*	*Il nous **y** emmène.*
*Il vous **en** donne.*	*Il vous **y** emmène.*
*Il leur **en** donne.*	*Il les **y** emmène.*

Le pronom neutre *le*

Le peut remplacer :

- un adjectif ou quelquefois un nom.
  *Tu es paresseux et tu **l'**as toujours été.* (**l'** = paresseux)
  *C'était notre patron mais il ne **l'**est plus.* (**l'** = notre patron)

- une proposition, une idée...
  *Quoi ! Tu t'en vas et tu ne me **l'**as pas dit !* (**l'** = que tu t'en allais)

1 Dans les phrases suivantes, que représente *en* ? Cochez la ou les bonnes réponses.

1. Je préfère ne plus en parler !
   ☐ de mon ex-copain ☐ de cette vieille histoire ☐ de mes problèmes

2. Oui, j'en voudrais une douzaine, s'il vous plaît.
   ☐ les haricots verts ☐ des œufs ☐ du vin blanc

3. Les Français en mangent presque tous les jours.
   ☐ du fromage ☐ des yaourts ☐ la crème fraîche

4. J'en ai longtemps rêvé !
   ☐ d'un voyage au Japon ☐ de Leonardo DiCaprio ☐ d'une maison à Nice

5. Non, mais je vais certainement en acheter.
   ☐ cette robe bleue ☐ le dernier livre de Modiano ☐ du champagne

6. Non, je n'en ai jamais vu de ma vie.
   ☐ des ours blancs ☐ tes parents ☐ le Grand Canyon

7. Fini ! À partir d'aujourd'hui, je refuse de m'en occuper !
   ☐ de tes problèmes ☐ de tes histoires ☐ de tes enfants

2 Répondez en utilisant le pronom *y*.

1. – Tu accordes de l'importance à cette histoire ?

   – Non, _____

2. – Tu penseras à prendre du pain en faisant les courses ? N'oublie pas.

   – Oui, _____. Pas de problème.

3. – Tu es vraiment obligé d'aller à cette réunion ?

   – Oui, je n'en ai pas envie mais _____

4. – Tu crois aux fantômes, toi ?

   – Oui, _____. J'en ai déjà vu.

5. – Tu t'es habitué à la vie en France ?

   – Oui, ça y est, _____

6. – Dis-moi qui participe à leur cadeau de mariage.

   – On _____ participe tous, je crois. C'est un gros cadeau !

3 Imaginez ce que peut signifier *le* dans les phrases suivantes.

1. Il me l'a dit hier, je ne **le** savais pas du tout. J'étais stupéfaite !

   le = _____

2. Tu ne **le** feras plus, n'est-ce pas ? C'est promis ?

   le = _____

3. Quoi ! Impossible ! Tu es sûr ? Je n'arrive pas à **le** croire !

   le = _____

1.4 Les pronoms avec l'impératif et avec l'infinitif

Les pronoms avec l'impératif

À l'impératif, forme affirmative, le pronom se place après le verbe avec un trait d'union.
> *Regarde-**moi** !*
> *Prends-**en** !*

À l'impératif, forme négative, le pronom se place entre **ne** et le verbe.
> *Ne **le** regarde pas !*
> *N'**en** prends pas !*

Avec les verbes **faire**, **laisser**, **voir**, **regarder**, **entendre**, **écouter** et **sentir** à l'impératif affirmatif + infinitif, le pronom personnel complément se place après le verbe principal à l'impératif avec un trait d'union.
> *Laisse-**moi** parler !*

Avec les verbes **faire**, **laisser**, **voir**, **regarder**, **entendre**, **écouter** et **sentir** à l'impératif négatif + infinitif, le pronom personnel complément se place avant le verbe principal.
> *Ne **me** fais pas tomber.*

Quand il y a deux pronoms

Quand il y a deux pronoms personnels compléments et que le verbe est à l'impératif affirmatif, l'ordre est toujours : pronom personnel complément direct + pronom personnel complément indirect.
> *Donne-**le-moi** !*
> *Apportez-**les-lui** !*
> *Préparez-**le-nous** !*
> *Dis-**le-leur** !*

Avec un autre pronom, les pronoms **en** et **y** sont toujours en deuxième position.
> *Donnez-**m'en** !*
> *Apportez-**lui-en** !*
> *Obligez-**les-y** !*
> *Ne **les y** menez pas !*

Les pronoms avec l'infinitif

Si le verbe est suivi d'un infinitif, le pronom complément est entre les deux verbes.
> *Mon grand-père a un livre sur Florence. Il va me **le** montrer.*

> *– Tu peux faire la vaisselle ?*
> *– Oui, je peux **la** faire.*

Avec les verbes **faire** ou **laisser** + infinitif, les pronoms compléments de l'infinitif sont avant le premier verbe.
> *Ton manteau est sale. Tu devrais **le** faire nettoyer.*
> *Tu **la** laisses regarder la télévision le soir ?*

1 Vous avez un copain qui est toujours fatigué. Il vous demande des conseils pour être en bonne santé. Complétez comme dans l'exemple.

– Je dois prendre un abonnement à un club de gym ?

– Oui, bonne idée, _prends-en un_ .

1. – Je dois faire du sport ?

   – Oui, _____ au moins trois fois par semaine.

2. – Je dois acheter un vélo d'appartement ?

   – Oui, _____. C'est un peu cher mais c'est efficace.

3. – Je dois manger des légumes tous les jours ?

   – Oui, _____ à tous les repas, crus ou cuits.

4. – Je dois aller chez le médecin régulièrement ?

   – Oui, _____ au moins deux fois par an.

5. – Je dois boire beaucoup d'eau ?

   – Ah oui, c'est indispensable ! _____ deux litres chaque jour.

2 À votre avis, on parle de qui ou de quoi ? Imaginez.

1. Vas-**y** de ma part, tu verras, il est très compétent et sympa.

   _____

2. N'**en** mange pas trop, tu vas être malade.

   _____

3. Demande-**le-lui**, tu verras bien ce qu'il te répondra mais il est sévère, tu sais.

   _____

4. Ne **les** inquiète pas pour rien. Tu sais qu'ils ont peur de tout !

   _____

5. Donne-**le**-moi. Comme ça, je t'envoie un message ce soir ou demain.

   _____

6. Explique-**lui** que tu n'as pas d'argent, elle peut comprendre.

   _____

3 Mettez ces phrases à la forme négative.

Il aime bien les glaces. Apporte-lui-en ≠ _Ne lui en apporte pas._

1. Ton examen est demain ? Penses-y ≠ _____

2. Elle veut savoir ce qui s'est passé ? Parle-lui-en ≠ _____

3. Il veut des bonbons ? Donne-lui-en ≠ _____

4. C'est très très important. Dites-le-lui ≠ _____

5. Ils ne savent pas faire l'exercice ? Expliquez-le-leur ≠ _____

1.5 Les pronoms possessifs et les pronoms démonstratifs

Les pronoms possessifs

Singulier	**Masculin**	le mien le tien le sien le nôtre le vôtre le leur
	Féminin	la mienne la tienne la sienne la nôtre la vôtre la leur
Pluriel	**Masculin**	les miens les tiens les siens
		les nôtres les vôtres les leurs
	Féminin	les miennes les tiennes les siennes

Il ne faut pas oublier l'accent quand c'est un pronom possessif.
– *C'est votre voiture ?*
– *Oui, c'est **la nôtre**.*

– *Ce n'est pas mon manteau !*
– *Mais si, c'est **le vôtre**.*

Le pronom possessif s'accorde en genre et en nombre avec le nom et varie en fonction du possesseur.

*Ma chambre est aussi grande que **la tienne**.* (= que ta chambre)

– *Ce sont les boucles d'oreilles de Lucile ?*
– *Oui, ce sont **les siennes** !* (= les boucles d'oreilles de Lucile)

Les pronoms démonstratifs

	Masculin	Féminin	Neutre
Singulier	celui	celle	ça, ce / c', ceci, cela
Pluriel	ceux	celles	

Ils désignent la personne, l'animal ou la chose dont on parle.

*J'adore les fleurs, et **celles** que tu m'as offertes sont particulièrement belles.*
*Tu as pensé à mon anniversaire ?! **Ça** me fait plaisir !*

Les formes composées

Il existe aussi des formes composées avec –ci ou –là : **celui-là**, **celui-ci**, **ceux-ci**, **ceux-là**, **celle-ci**, **celle-là**, **celles-ci**, **celles-là**.

–ci désigne plutôt une personne ou un objet plus proche, **–là** une personne ou un objet plus éloigné, mais les formes composées peuvent aussi avoir un sens distributif.

*Je prends quel T-shirt ? **Celui-ci** ou **celui-là** ?*

1 Répondez avec le pronom possessif qui convient.

1. – J'ai trouvé un stylo par terre ? Il est à toi ?

   – Oui, _____. Je l'ai cherché partout !

2. – Dis-moi, tu exagères ! Ce pull, il est à moi !

   – Oui, _____ mais sois gentille, prête-le-moi !

3. – Je crois que madame Dautin a oublié ses lunettes.

   – Vous avez raison, _____.

4. – Sur la photo, là, ce sont vos enfants ?

   – Non, _____. Ce sont les enfants de mon frère.

5. – Ton appartement est grand ? Comme chez moi ?

   – Non, il est bien plus petit que _____. Chez toi, il y a plus de 100 m².

2 Complétez avec *celui(-ci/-là)*, *celle(-ci/-là)*, *ceux, celles…*

1. – Montre-moi ton copain. C'est lequel ?
   – C'est le plus beau, _____ qui a un pull rayé.

2. – J'aime bien ces bottes. Pas toi ?
   – Lesquelles ? _____, devant ? Les vertes ?
   – Non, _____, au fond. Les rouges.

3. – Attention ! Tous _____ ou toutes _____ qui arriveront après 13 h 10 ne pourront pas entrer dans l'amphi. Soyez bien à l'heure !

4. – Où voulez-vous vous installer ? À cette table-ci ou à _____.
   – Ici, c'est très bien.

3 Complétez cette interview avec les pronoms possessifs et les pronoms démonstratifs qui conviennent.

– Nous sommes chez Paul Bougrain, le célèbre écrivain. Paul Bougrain, bonjour. Vous venez de publier un nouveau roman. On dit que vous vous êtes beaucoup inspiré du dernier livre de Christine Angot.

– Pas du tout ! _____ qui disent cela n'ont pas lu mon livre. Dans _____, l'action se passe dans les années 1970. Madame Angot, dans _____, parle des années 2010. Il n'y a aucune ressemblance entre mes romans et _____. Je pense qu'elle n'a jamais lu un seul de mes livres, et moi, je n'ai jamais lu un des _____.

– Tout est vu à travers les yeux d'un chien, Ulysse. Vous aimez les chiens, je le sais.

– Oui, ma femme et moi nous adorons les chiens. Nous en avons deux, _____, Hector et _____, Achille.

– Vous aimez la mythologie ! Ils sont aussi intelligents que le chien de votre roman ?

– Non, _____ sont moins intelligents que mon héros mais ils sont beaucoup plus sympathiques.

1.6 Les pronoms indéfinis

Les pronoms indéfinis peuvent exprimer :

• une quantité zéro.

rien	– Tu vois quelque chose ? – Non, **rien** !
personne	– Quelqu'un est venu ce matin ? – Non, **personne**.
aucun(e)	– Vous avez pêché des poissons ? – Non, **aucun** !

• une quantité égale à un.

un(e) autre	– Encore un café ? – Oui, j'en veux bien **un autre**, merci.
quelqu'un	Elle aime **quelqu'un** en ce moment ?
quelque chose	Tu es triste. Tu as **quelque chose** ?
chacun(e)	Ils gagnent deux mille euros **chacun**.
n'importe qui / quoi / lequel / laquelle	– Qu'est-ce que tu veux manger ce soir ? – Oh, **n'importe quoi**, ça m'est égal.

• une quantité supérieure à un.

quelques-un(e)s	– Tu as des amis chinois ? – Oui, j'en ai **quelques-uns**.
plusieurs	– Vous avez vu quelques films de Woody Allen ? – Oui, j'en ai même vu **plusieurs**, j'aime beaucoup ce cinéaste.
d'autres	Ta petite amie est partie ? Ne pleure pas, tu en auras **d'autres** !

• une quantité totale.

tous / toutes	– Les étudiants sont là ? – Oui, ils sont **tous** là.
tout	– Qu'est-ce que tu veux ? – **Tout** !
tout le monde	– Tu n'as vu personne ? – Mais si, j'ai vu **tout le monde**.

• une idée de similitude.

le / la / les même(s)	J'adore ton pull, je voudrais acheter **le même**.

1 Lisez ce texte et entourez le mot *tous* si vous pensez qu'on prononce le *s* et répondez à la question. Puis vérifiez vos réponses en écoutant le document sonore.

D'habitude, Sonia va à l'université tous les jours mais elle n'assiste pas à tous les cours. Elle y va aussi pour retrouver ses copains à la cafétéria. À midi, ils sont presque tous là, ils prennent un verre puis ils vont déjeuner au restaurant universitaire. Tous les mardis soir, elle va à la piscine avec eux, et le vendredi, ils vont tous danser en boîte. C'est toujours la même bande : ses copains, elle les connaît presque tous depuis la première année de fac.

En ce moment, c'est différent. Les examens approchent et tous ces jours-ci, plus de cafétéria, plus de sortie en boîte : elle va à tous les cours et elle travaille !

	Vrai	Faux
*Quand "tous" est suivi d'un nom, on ne prononce pas le **s** final.*		

2 Associez une question à la réponse qui correspond.

1. Elle a dit quelque chose à quelqu'un ?

2. Tu as déjà vu des films d'Ang Lee.

3. Qui vient dîner ?

4. Ils ont réussi ?

5. Tu t'es fait quelques amis ?

6. Tu préfères te mettre en terrasse ou dedans ?

A. Oui, quelques-uns. C'est bien !

B. Personne. Juste nous deux.

C. Certains, oui. D'autres ont raté.

D. N'importe où, ça m'est égal.

E. Oui et même plusieurs.

F. Non, rien du tout. À personne !

3 Complétez avec *certains, d'autres, aucun, plusieurs, quelques* et *un(e) autre*.

1. Il a plu pendant _____ mois. C'était long ! On avait l'impression que ça ne finirait jamais.

   Heureusement, depuis _____ jours, ça y est : le soleil est enfin revenu !

2. Voici les résultats de votre examen. _____, les plus nombreux, ont assez bien réussi,

   _____ un peu moins bien mais _____ d'entre vous n'a réussi

   tous les exercices.

3. _____ jours, on est de bonne humeur sans raison. Et _____,

   on se lève du pied gauche et ça va mal toute la journée.

4. Ils ont déjà _____ enfants, au moins cinq ou six, et ils en veulent encore _____ !

   Mais ils disent que, cette fois, ce sera le dernier.

4 Imaginez la question correspondant à la réponse.

1. – _____ ?

   – N'importe quand. Demain soir si tu veux.

2. – _____ ?

   – Non, on rentre chez soi. Moi chez moi et toi chez toi !

3. – _____ ?

   – Non, personne n'a appelé mais tu as un message sur ton ordinateur.

4. – _____ ?

   – Oui, j'en ai quelques-unes. Surtout des Brésiliennes. Elles sont très sympas.

1.7 Les pronoms relatifs

Les pronoms relatifs simples

qui	Pronom relatif sujet du verbe qui suit. *L'enfant **qui** porte une casquette bleue s'appelle Eliott.*
que	Pronom relatif complément d'objet du verbe qui suit. *Le livre **qu'**on t'a offert et **que** tu viens de lire est bien ?*
où	Reprend un complément de lieu ou de temps. *La rue **où** j'habite est très calme.* *J'étais malade le jour **où** tu es venu chez moi !*
dont	• Complément d'objet d'un verbe suivi de la préposition **de**. *Le livre **dont** j'ai besoin n'est pas celui **dont** tu parles !* (avoir besoin de qqch / parler de qqch) • Complément d'objet d'un nom ou d'un adjectif suivis de la préposition **de**. *La voiture **dont** vous êtes le propriétaire est mal garée !* (Vous êtes propriétaire de la voiture. Cette voiture est mal garée.)

Que devient **qu'** devant une voyelle ou un **h** muet, mais **qui** reste toujours **qui.**

*Je n'aime pas **la façon dont** vous me parlez !*

*Regarde **la manière dont** elle peint !*

Les pronoms relatifs complexes

ce qui / que / dont	*– Tu sais **ce que** tu veux pour ton anniversaire ? Dis-moi **ce qui** te plairait.* *– Une tablette tactile ! C'est **ce dont** je te parle depuis trois semaines !*
préposition + *lequel / laquelle / lesquels / lesquelles*	*Les amis **chez lesquels** tu habites s'appellent comment ?* *C'est une fille **avec laquelle** je m'entends très bien.*

à + lequel →   auquel
à + lesquels →   auxquels
à + lesquelles → auxquelles
de + lequel →   duquel
de + lesquels →   desquels
de + lesquelles →   desquelles
*Ce sont des histoires **auxquelles** je ne crois pas du tout !*
*Il a deux fils. Tu parles **duquel** ? Du plus jeune ou du grand ?*

1 Entourez la forme correcte.

1. J'ai bien aimé toutes les personnes avec *lesquels / lesquelles* j'ai travaillé dans cette entreprise.

2. Je ne connais pas les gens *auquel / auxquels / auxquelles* tu parles.

3. Je vous ai déjà parlé des Moreau, ces gens à cause *desquels / desquelles* j'ai dû déménager ?

4. Ce sont des souvenirs qui me sont chers et *auquel / auxquels / auxquelles* je pense très souvent.

2 Mettez les phrases dans l'ordre.

1. Tu te souviens de cette fille _____?

   (les parents - une maison - dont - avaient - en Grèce)

2. C'est une histoire _____

   (dont - te parler - tu ne connais pas - je voudrais - que - et)

3. C'est un point _____

   (est - sur - tout le monde - lequel - d'accord)

4. À cette soirée, il y avait beaucoup d'invités _____

   (on - reconnaître - quelques - parmi - célèbres - lesquels - pouvait - acteurs)

3 Complétez avec le pronom relatif qui convient.

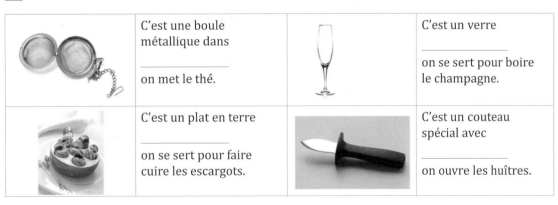

	C'est une boule métallique dans _____ on met le thé.		C'est un verre _____ on se sert pour boire le champagne.
	C'est un plat en terre _____ on se sert pour faire cuire les escargots.		C'est un couteau spécial avec _____ on ouvre les huîtres.

4 Complétez avec le pronom relatif qui convient et répondez à la devinette.

1. C'est une ville _____ se trouve au bord de la Méditerranée et _____, chaque année, il y a un festival de cinéma célèbre.

   (C'est _____)

2. C'est un écrivain célèbre _____ a vécu au XIXᵉ siècle et _____ le livre le plus connu est *Madame Bovary*.

   (C'est _____)

3. C'est un acteur français _____ tout le monde connaît, _____ a joué dans plus de 150 films, _____ *Le Dernier Métro* et *Cyrano de Bergerac*, films pour _____ il a reçu le César du meilleur acteur.

   (C'est _____)

1 Complétez avec *ce qu(e), ce qui, ceux qu(e)* ou *ceux qui*.

1. – J'aimerais bien savoir _____ vous est arrivé. Est-ce que _____ on m'a raconté est vrai ?

Vous avez été malade ?

– Mais non, il ne faut pas croire tout _____ on raconte ! _____ vous ont dit ça disent

n'importe quoi ! Je n'ai pas été malade. J'étais en vacances !

2. Bon, les enfants : _____ ont terminé leur travail peuvent aller jouer ; _____ n'ont pas

fini restent ici. Bastien ! Tu as entendu _____ j'ai dit ? Allez, va jouer.

3. _____ m'étonne toujours, c'est _____ s'imaginent que c'est facile d'être comédien.

Ils ne comprennent pas _____ ça veut dire de jouer tous les soirs, avec le trac, la fatigue, etc.

4. Je trouve que les Espagnols sont sympas en général. En tout cas, _____ je connais sont très bien.

Quand on va en Espagne, ils font toujours tout _____ ils peuvent pour nous aider, nous renseigner...

2 Dans les phrases suivantes, entourez *leur* quand c'est un complément d'objet indirect et soulignez *leur* quand c'est un adjectif possessif.

1. – Les Vautrin ont inscrit leur fille dans une école bilingue. Ils m'avaient demandé mon avis et je leur avais dit que, pour elle, c'était une bonne solution.

2. – Tu as appelé tes parents ? Leur problème s'est arrangé ?

– Oui, je leur ai passé un coup fil ce matin. Mais avec leur chien, leur chat, les oiseaux... ! C'est impossible de leur parler au téléphone ! On n'entend rien !

– Appelle plutôt leur avocat, il te dira où en sont les choses.

3. – Tu peux me donner le numéro de portable de Mario ou celui de Zoé ? Je voudrais leur parler. Je leur ai promis de les appeler.

– Tu veux leur téléphoner maintenant ? Attends... Non, désolé. Je n'ai pas leur téléphone, mais si tu veux j'ai leur adresse e-mail. Tu peux leur envoyer un message avec ton téléphone.

3 Observez ces phrases et complétez le tableau.

1. Je connais bien les États-Unis, j'y ai habité dix ans.

2. J'adore les pâtes. J'en mange tous les jours.

3. La politique, il ne s'y intéresse pas du tout.

4. Des romans policiers ? Oui, j'en ai lu beaucoup.

5. La Grèce ? Ah non, cette année, nous n'y allons pas mais nous irons l'année prochaine.

6. Tu veux des cartes postales ? D'accord, je t'en enverrai.

7. Cette réunion est importante : il faut absolument y assister !

8. Ne t'inquiète pas pour cette affaire, je vais m'en occuper.

		Vrai	Faux
A	Les pronoms **en** et **y** se placent devant le verbe à un temps simple ou à un temps composé.		
B	Quand il y a deux verbes, **en** se place avant les deux verbes et **y** entre les deux verbes.		
C	**Y** peut remplacer un nom de personne ou de lieu.		
D	Avec le verbe **aller** au futur, on ne peut pas utiliser **y**.		

4 **a. Lisez ce courriel puis répondez aux questions et justifiez vos réponses.**

‎ _ □ X

À :   Hubert

Objet : dernières nouvelles

Bonjour,

Tout va bien pour moi depuis mon arrivée. Philippe est venu me chercher à l'aéroport comme vous le lui aviez demandé. Merci encore, c'était très gentil à vous. Et à lui, bien sûr ! Il est vraiment sympathique et on s'entend très bien.

Jeudi dernier, sur ses conseils, je suis allée me présenter chez Hédiard. J'ai rencontré deux personnes de la direction avec lesquelles j'ai eu un entretien d'une heure et quart. Mais on m'a laissé entendre que j'avais peu de chance d'avoir le poste. Je ne désespère pas, j'ai un autre rendez-vous chez Lenôtre lundi. Je croise les doigts.

En attendant, j'ai revu quelques amies. Nous nous baladons. Il y a un monde fou partout. À Paris, j'ai l'impression qu'on est toujours pressé. Tout le monde court !

J'espère que vous allez tous bien à Bruxelles. Toutes mes amitiés à Karine. Ah ! On sonne ! Je pense que c'est Philippe qui vient me chercher pour dîner. Je vous appelle lundi pour vous dire comment ça s'est passé chez Lenôtre. Nous nous revoyons jeudi prochain, n'est-ce pas ? Vous n'avez pas oublié ?

Très cordialement,
Dominique

---

1. Dominique est un prénom mixte (masculin ou féminin). Ici, est-ce qu'on peut savoir si la personne qui écrit est un homme ou une femme ?

   _____

2. Les personnes que Dominique a rencontrées chez Hédiard sont...

   ☐ deux femmes   ☐ deux hommes   ☐ un homme et une femme   ☐ on ne sait pas

3. La personne qui écrit dit **vous** ou **tu** à son correspondant ?

   _____

b. Cherchez dans le texte.

1. un **on** qui a le sens de « les gens en général, tout le monde » : _____

2. un **on** qui a le sens de « nous » : _____

3. un **on** qui a le sens de « ils » ou « elles » : _____

4. un **vous** pluriel : _____

5. un **nous** qui a le sens de « moi + elles » : _____

6. un **nous** qui a le sens de « moi + vous » : _____

1 Vrai ou faux ? Si c'est faux, donnez la bonne réponse. ____ /10

	Vrai	Faux
1. *Il est à moi* et *C'est le mien* ont le même sens.		
2. *Pour insister, je peux dire* **c'est mon mien.**		
3. *Dans la phrase :* **je lui ai parlé** ; **lui** *peut être masculin ou féminin.*		
4. *Le pronom* **lui** *reste toujours* **lui**, *même devant une voyelle.*		
5. *Au passé composé, le pronom complément est entre l'auxiliaire et le participe passé.*		
6. *A l'impératif affirmatif, le pronom complément est après le verbe.*		
7. *Les pronoms relatifs* **qui** *et* **que** *deviennent* **qu'** *devant une voyelle ou un* **h** *muet.*		
8. *Le pronom relatif* **où** *concerne toujours un lieu.*		
9. **Lequel, lesquels** *et* **lesquelles** *ont la même prononciation.*		
10. *On écrit* **chacun(e)** *et non* **chaqu'un(e)**.		

2 Entourez la forme correcte. ____ /10

1. *Excusez-moi de vous déranger. / Excusez de vous déranger.*

2. C'est à moi. *Donne-moi-le ! / Donne-le-moi !*

3. *Il nous l'a dit. / Il l'a nous dit.*

4. Au cinéma ? *Je suis y allé hier soir. / J'y suis allé hier soir.*

5. *Tout le monde est d'accord. / Tout le monde sont d'accord.*

6. Paul et moi, on est *allé / allés / allées* voir un match de foot.

7. *Moi et ma sœur / Ma sœur et moi*, nous nous ressemblons.

8. Nous, les Français, *on aime tous / on aiment tous* le fromage.

9. J'ai acheté *un livre que j'avais besoin. / un livre dont j'avais besoin.*

10. Je ne sais pas *à lesquelles / auxquelles / auxquelles* tu penses. Les filles du cinquième ou celles du sixième ?

2. L'ADJECTIF

L'adjectif qualificatif est un mot qui accompagne le nom et qui sert à préciser les caractéristiques de ce nom. L'adjectif s'accorde en genre et en nombre avec le nom.

2.1 Le genre et le nombre de l'adjectif

Le genre

Les adjectifs terminés par un **-e** ont la même forme au masculin et au féminin.
utile / utile - facile / facile - suisse / suisse - timide / timide

Pour les autres :

> **Attention !**
> *des paysages superbes* mais
> *de superbes paysages*

• En général, l'adjectif féminin = l'adjectif masculin + **-e**.
  petit / petit**e** - lourd / lourd**e** - poli / poli**e** - national / national**e**

• Souvent, on double la dernière consonne de l'adjectif masculin + **-e**.
  *gros / gro**sse** - ancien / anci**enne** - brésilien / brésili**enne** - bon / bo**nne***

• Masculin en **-f** → | féminin en **-ve**.
                       | *neu**f** / neu**ve** - positi**f** / positi**ve***

• Masculin en **-c** → | féminin en **-che**.
                       | *blan**c** / blan**che** - sec / sè**che***
                       |
                       | féminin en **-que**.
                       | *publi**c** / publi**que** - tur**c** / tur**que***

> **Fou, nouveau, beau** et **vieux** ont deux formes au masculin.
> *un amour fou / un **fol** a*mour
> *un nouveau copain / un **nouvel** é*lève,
> *un beau garçon / un **bel** h*iver, un **bel** enfant
> *un vieux vêtement / un **vieil** h*abit

• Masculin en **-teur** → | féminin en **-teuse**.
                          | *men**teur** / men**teuse***
                          |
                          | féminin en **-trice**.
                          | *protec**teur** / protec**trice***

Le nombre

En général, comme pour les noms, le **-s** final est la marque du pluriel.
  *Il est grand. / Ils sont grand**s**. - Elle est jolie. / Elles sont jolie**s**.*

Si l'adjectif singulier se termine par un **-x**, le pluriel a la même forme.
  *Il est heureu**x** et amoureu**x**. / Ils sont heureu**x** et amoureu**x**.*

Si l'adjectif singulier se termine par **-al** ou **-au**, le pluriel est en général **-aux**.
  *un problème nation**al** / des problèmes nation**aux***

> Si l'adjectif a une valeur d'adverbe, il est invariable.
> *Elles chantent **faux**.*
> *Elles rient trop **fort**.*
> *Elles parlent tout **bas**.*

Le cas des couleurs

En général, l'adjectif s'accorde avec le nom.
  *des yeux bleu**s**, des cheveux brun**s***

On n'accorde pas :

• si l'adjectif est un nom « adjectivé ».
  *des yeux **noisette***

• si l'adjectif est composé.
  *une robe **bleu marine**, des chaussures **blanc cassé**, des rideaux **rouge cerise**...*

1 Écoutez et complétez.

1. La mairie de votre ville organise une séance _____ le 16 mars dans les _____

   locaux (12 bis rue du Marché). Venez _____ .

2. Il est très _____ en ce moment parce qu'il est _____ d'une fille qui ne

   s'intéresse pas du tout à lui.

3. Cet écrivain est un très _____ homme, bien sûr, il a plus de quatre-vingt-dix ans mais il est

   encore très _____ , il vient de publier un roman.

4. Ta _____ copine est _____ ou _____ ?

   Elle ? Elle est _____ , elle est née à Séville mais ses grands-parents sont _____ .

5. Ce petit garçon, c'est un _____ élève ? Il a l'air _____ mais c'est vraiment

   un très _____ enfant !

2 Accordez l'adjectif en genre et en nombre si nécessaire.

1. Ils sont très _____ (content) d'habiter dans ce _____ (nouveau) immeuble

   qui est tout _____ (neuf). Ils ne regrettent pas du tout leur _____

   (vieux) appartement.

2. Elle est terriblement _____ (jaloux). Quand il parle d'une _____ (nouveau)

   collègue, elle devient _____ (fou), elle veut tout savoir : si elle est _____

   (joli), si elle est _____ (jeune), si elle est _____ (blond), _____

   (brun) ou _____ (roux)... Tout, tout, tout !

3. Pour la fête du lycée, il s'était déguisé en gangster des années 1930 : un chapeau _____

   (mou), des chaussures _____ (bicolore) _____ (jaune) et

   _____ (noir), un costume _____ (crème). Et moi, j'étais en *baby doll* : des

   vêtements _____ (rose bonbon) et des chaussettes _____ (blanc). C'était très

   réussi.

4. Dans toutes les réunions _____ (public), Claire Dupin, la _____ (nouveau)

   ministre des Affaires sociales, sait très bien se comporter avec tout le monde. Souvent, les gens lui racontent

   leurs problèmes _____ (personnel). Elle les écoute et elle sait se montrer _____

   (compréhensif) avec chacun.

3 Formez des adjectifs en *-able* ou *-ible*.

1. Quelque chose qu'on ne peut pas comprendre → Quelque chose d'*incompréhensible* _____

2. Quelqu'un qu'on ne peut pas supporter → Quelqu'un d'_____

3. Une idée qu'on ne peut pas admettre → Une idée _____

4. Quelque chose qu'on ne peut pas voir → Quelque chose d'_____

5. Quelque chose qu'on ne peut pas imaginer → Quelque chose d'_____

6. Une impression qu'on ne peut pas définir → Une impression _____

2.2 La place de l'adjectif

L'adjectif peut être placé avant ou après le nom.

Avant le nom

L'adjectif est placé avant le nom si :

- c'est un adjectif ordinal.
    *À louer : beau deux-pièces au **sixième** étage sans ascenseur dans le **dix-huitième** arrondissement.*

- c'est un adjectif court et courant.
    *une **bonne** note,*
    *un **beau** résultat,*
    *un **jeune** homme...*

Certains adjectifs changent de sens (**petit, grand, curieux, brave, pauvre, ancien, propre, sale, différent, certain...**) quand ils changent de place.
    *un homme **grand** = de grande taille / un **grand** homme = important, célèbre, prestigieux*

Après le nom

L'adjectif est toujours après le nom si :

- c'est un adjectif de couleur.
    *une robe **blanche**,*
    *des chaussures **noires**...*

- c'est un adjectif indiquant une forme.
    *un angle **aigu**,*
    *une table **rectangulaire**...*

- c'est un adjectif de nationalité.
    *un copain **suédois**,*
    *une fille **italienne**...*

> **Nouveau** (avant le nom) et **neuf** (après le nom).
> *C'est un **nouveau** manteau (je viens de l'acheter) mais il n'est pas **neuf**, je l'ai acheté d'occasion.*

- c'est un participe (présent ou passé) à valeur d'adjectif.
    *un film **intéressant**,*
    *un hôtel **accueillant**,*
    *un problème **compliqué**...*

- l'adjectif et le nom sont étroitement liés, comme s'ils ne faisaient qu'un seul mot.
  On ne peut pas glisser un adverbe (**très, trop, assez**) entre le nom et l'adjectif (adjectif "relationnel").
    *les élections **présidentielles**,*
    *un arrêt **municipal**...*

- l'adjectif est long et le nom court.
    *une rue **extraordinaire**,*
    *un saut **prodigieux**,*
    *un ton **désagréable**,*
    *un fait **remarquable**...*

- l'adjectif est suivi d'une préposition et d'un infinitif.
    *un travail **difficile à faire**,*
    *une histoire **impossible à raconter**...*

1 Cochez le sens le plus proche.

1. C'est un vieux copain.

   ☐ C'est un ami plus vieux que moi.
   ☐ Je l'ai connu quand j'étais jeune.
   ☐ Nous sommes amis depuis longtemps.

2. C'est ta nouvelle voiture ?

   ☐ Tu as changé de voiture ?
   ☐ Tu as acheté une voiture neuve ?
   ☐ Ça y est ! Tu sais conduire ?

3. J'aime les meubles anciens.

   ☐ J'aime les meubles actuels.
   ☐ J'aime les meubles que j'avais avant.
   ☐ Je n'aime pas les meubles modernes.

4. C'est un homme brave.

   ☐ Il est courageux.
   ☐ Il est très sportif.
   ☐ Il est un peu trop gentil.

5. C'est ma plus grande amie.

   ☐ C'est une personne que j'aime bien.
   ☐ Elle est plus grande que moi.
   ☐ C'est ma meilleure amie.

6. J'ai rencontré différentes personnes.

   ☐ J'ai rencontré plusieurs personnes.
   ☐ J'ai rencontré des gens autres que mes amis habituels.
   ☐ J'ai rencontré des gens qui ne se ressemblaient pas du tout.

2 Mettez les adjectifs entre parenthèses dans l'ordre.

1. J'ai vu une exposition. (belle, impressionniste)

   _____

2. Il a rencontré une fille. (irlandaise - jolie - jeune)

   _____

3. J'ai acheté un dictionnaire. (bilingue - gros - français / anglais)

   _____

4. Il vient de s'offrir une voiture. (anglaise - petite - belle)

   _____

5. C'est enfin son résultat en classe. (bon - premier) Bravo !

   _____

6. Ils ont eu des vacances. (bien méritées - scolaires)

   _____

3 Cochez la bonne option.

1. C'était il y a deux jours. On s'est rencontrés…

   ☐ mardi dernier.   ☐ le dernier mardi.

2. Je suis sa mère.

   ☐ C'est ma petite fille.   ☐ C'est ma petite-fille.

3. – Qu'est-ce qu'on mange ?

   ☐ – Un petit suisse.   ☐ – Un petit Suisse.

4. C'est un sale type !

   ☐ Il devrait se laver.   ☐ Il n'est pas sympathique.

On fait le point !

1 Transformez comme dans l'exemple.

Ils lisent tous le journal de la région. → *le journal régional*

1. Il y a beaucoup de bruit dans cette rue. → C'est une rue très _____.

2. On commémore chaque année cet événement de l'histoire. → C'est un événement _____.

3. Son problème, c'est sa terrible jalousie. → Il est terriblement _____.

4. C'est un enfant plein de gaieté, plein de joie. → Il est très _____, très _____.

5. Elles ne sont pas passionnées de sport. → Elles ne sont pas très _____.

6. Il le regarde avec crainte. → Il lui jette un regard _____.

2 Mettez au pluriel.

1. J'ai rencontré un vieil ami avec qui j'étais à la fac.

_____

2. Ça y est ? Tu as rencontré ton nouveau voisin ?

_____

3. Il est très gentil et très amusant.

_____

4. Elle a acheté un pantalon vert pomme.

_____

5. On a publié un arrêté municipal sur les chiens en liberté.

_____

6. Il est malheureux.

_____

3 Mettez les adjectifs dans l'ordre.

1. Les jours (deux / premiers), nous nous sommes reposés à l'hôtel, et les jours (trois / autres), nous avons fait une mini-croisière.

_____

2. Tous les journaux ont fait remarquer que c'était l(a) élection (présidentielle/ première / démocratique) dans ce pays.

_____

3. Il vient d'acheter un studio (joli / confortable / petit).

_____

4. Il a obtenu des résultats (scolaires / bons).

4 Expliquez comme dans l'exemple.

un orage impressionnant = un orage *qui impressionne*

1. une soirée dansante = une soirée_____

2. une robe voyante = une robe _____

3. un enfant tremblant = un enfant _____

4. un travail fatigant = un travail _____

5. les événements marquants de cette année = les événements _____

6. un quartier commerçant = un quartier_____

5 Vous avez passé vos dernières vacances dans cette maison. Décrivez-la : sa forme, ses couleurs, le paysage tout autour... Vous pouvez aussi imaginer comment elle est à l'intérieur. Utilisez votre dictionnaire.

L'été dernier, nous avons loué...

1 Vrai ou faux ? Si c'est faux, donnez la bonne réponse. ____ /10

	Vrai	Faux
1. *Quand l'adjectif se termine par un **-e**, il a la même forme au singulier et au pluriel.*		
2. *L'adjectif **rose** reste toujours invariable.*		
3. *Les adjectifs de couleur sont toujours placés après le nom.*		
4. *Une crise cardiaque → l'adjectif est « relationnel ».*		
5. ***Beau** devient **bel** devant une voyelle ou un **h** muet.*		
6. *Les adjectifs singuliers en **-eau** ont un pluriel en **-eaus**.*		
7. *On ne peut pas dire : **les premiers deux jours**.*		
8. *Dans la phrase : **j'ai rencontré différentes personnes**, **différentes** = plusieurs, un certain nombre.*		
9. *Les adjectifs de nationalité **sont toujours placés** après le nom.*		
10. *Un **beau-frère** n'est pas toujours **beau**.*		

2 Dans les contextes suivants, entourez la meilleure solution. ____ /10

1. Il y a une terrible épidémie de grippe dans l'école. Ce matin, dans ma classe, il y avait *un élève seul / un seul élève*.

2. Si tu as rendez-vous avec ton directeur ce matin, tu dois absolument mettre *ta veste propre / ta propre veste*.

3. Patrick Modiano est très célèbre. La plupart des Français pensent que c'est *un grand écrivain / un écrivain grand*.

4. Hier soir, Nina a rencontré un homme affreux qui l'a suivie jusqu'à chez elle. Il avait trop bu et il lui a raconté des horreurs. Elle a eu très peur. C'était vraiment *un sale type / un type sale*.

5. Nous sommes le 25 août. C'est bientôt la rentrée des classes ! Profitons de la fin des vacances. C'est *la dernière semaine ! / la semaine dernière !*

3. LES TEMPS DE L'INDICATIF

Le mode indicatif présente l'action comme objective, réelle. Il fait la distinction entre le passé, le présent et le futur. Il comporte cinq formes simples et cinq formes composées.

3.1 Le présent

Formation

Groupe		Terminaisons	
Premier groupe (verbe en -er)		-e, -es, -e, -ons, -ez, -ent	*J'arrive ; nous arrivons…*
Deuxième groupe (verbe en -ir)		-s, -s, -t, -ons, -ez, -ent	*Tu finis ; nous finissons…*
Troisième groupe	Règle générale	-s, -s, -t, -ons, -ez, -ent	*Il vient ; vous venez …*
	Verbes en -cre, -tre, -dre	-s, -s, -ø, -ons, -ez, -ent	*Je prends ; il prend…*
	Pouvoir, vouloir, valoir	-x, -x, -t, -ons, -ez, -ent	*Je peux ; tu veux ; il vaut…*
	Verbes dont le radical se termine par -ll (*cueillir*) ou par plusieurs consonnes (*offrir*)	-e, -es, -e, -ons, -ez, -ent	*Je cueille ; tu offres…*

Quelques formes particulières

- Verbes en **-cer** : le **c** du radical prend une cédille à la première personne du pluriel.
  je place / nous plaçons [plas] / [plasɔ̃]

- Verbes en **-ger** : le radical prend un **e** après le **g** à la première personne du pluriel.
  je mange / nous mangeons [mãʒ] / [mãʒɔ̃]

- Verbes en **-é–er** : le **é** du radical devient **è** devant une syllabe muette finale.
  je célèbre / nous célébrons [selɛbʀ] / [selebʀɔ̃]

- Verbes en **-yer** : **y** devient **i** quand le son [j] disparaît.
  je vouvoie / nous vouvoyons [vuvwa] / [vuvwajɔ̃]

- Verbes en **-eler** et en **-eter** : on met deux **l** ou deux **t** devant un **e** muet (*j'appelle* [ʒapɛl], *je jette* [ʒəʒɛt]) et un seul devant une syllabe sonore (*il a appelé* [ila apəle], *nous jetons* [nu ʒətɔ̃]). Exception: **acheter** *(il achète)*, **harceler** *(il harcèle)*, **modeler** *(il modèle)*, **peler** *(il pèle)*.

Emploi

On utilise le présent pour :

- renvoyer au moment présent ; l'action est en cours d'accomplissement : *Eliott **fait** du vélo.*

- parler d'une période qui couvre partiellement le passé et l'avenir : *Dalila **apprend** le français.*

- parler d'une habitude : *Je **mange** un sandwich tous les midis.*

- exprimer des vérités générales : *La terre **tourne** autour du soleil.*

- exprimer une action brève, instantanée : *Il **allume** la lumière.*

- exprimer l'idée d'un futur proche : *Elle **part** la semaine prochaine.*

> Le **e** en syllabe finale du verbe est muet.
> *Je parle* [ʒəpaʀl]

- exprimer l'idée d'un passé récent : *J'**apprends** la nouvelle* (= à l'instant).

- renvoyer au passé de façon vivante : *Samuel de Champlain **fonde** la ville de Québec en 1608.*

1 Choisissez le verbe qui convient et conjuguez-le au présent.

> commencer recevoir s'asseoir naviguer s'ennuyer mettre déménager
>
> peser jeter vouvoyer s'appeler tutoyer acheter essayer parler

1. Nous _____ jeudi prochain. J'espère que tu pourras venir nous aider.

2. On se _____ ou on se _____ ?

3. – Vous n'en avez pas assez de faire tous les jours la même chose ?

   – Moi ? Non, je _____ jamais !

4. J'ai grossi, je _____ dix kilos de trop. J' _____ de maigrir mais rien à faire !

5. La semaine prochaine, nous _____ le correspondant anglais de notre fils.

   Il _____ Nigel.

6. Quand le professeur entre dans la classe, nous _____ sans un mot et nous ne _____

   plus. Il est terriblement sévère !

7. Si tu _____ des vêtements pas cher et de mauvaise qualité, tu les _____ deux

   ou trois fois et puis tu les _____. C'est un mauvais calcul !

8. Vous _____ la croisière le 15 septembre et vous _____ pendant toute la

   semaine.

2 Dans les phrases suivantes, quelle est la valeur du présent ?

1. Chut ! Écoute. Le chien aboie.
2. À table, on place le couteau à droite et la fourchette à gauche.
3. Ne le dérange pas. Il travaille.
4. Une minute ! J'arrive tout de suite.
5. 21 janvier 1793. La tête de Louis XVI tombe.
6. Oui, oui, le directeur est là. Il arrive à l'instant.
7. L'eau bout à 100 degrés Celsius.
8. Mathias travaille chez Renault depuis vingt ans.

A. Il exprime une habitude.
B. Il exprime une vérité générale.
C. Il exprime quelque chose de ponctuel.
D. Il exprime quelque chose en train de se dérouler.
E. Il exprime quelque chose qui a déjà commencé et qui continue dans le présent.
F. Il exprime un passé immédiat.
G. Il exprime un passé lointain, historique.
H. Il exprime un futur proche.

3 Vrai ou faux ? Si c'est faux, expliquez pourquoi.

	Vrai	Faux
1. *Au présent, la terminaison de la première personne du pluriel est toujours **-ons**.* _____		
2. *La deuxième personne du pluriel du présent ne se termine pas toujours par **-ez**.* _____		
3. *Les verbes terminés en **-eler** prennent deux **l** au présent.* _____		
4. *Il y a deux formes du présent pour le verbe **s'asseoir**.* _____		

3.2 Le passé composé et les accords du participe passé

On utilise le passé composé pour parler de faits, d'actions ou d'événements terminés. Le passé composé se construit avec un auxiliaire au présent (**avoir** ou **être**) et un participe passé.

Avec l'auxiliaire *avoir*

On utilise l'auxiliaire **avoir** avec la plupart des verbes.

Le participe passé ne s'accorde pas avec le sujet.
> ***Ils ont dîné*** *chez Marianne hier soir.*

En revanche, le participe passé s'accorde avec le COD quand le COD le précède.
> *La semaine dernière,* ***nous avons vu*** <u>*une excellente pièce de théâtre*</u>*.*
> COD

> *C'est une pièce* <u>*que*</u> ***nous avons*** *vraiment* ***adorée*** *! Tu ne l'***as*** pas* ***vue*** *?*
> COD   COD

Avec l'auxiliaire *être*

On utilise l'auxiliaire ***être*** avec tous les verbes pronominaux (**se lever**, **s'habiller**, **se dépêcher**...) et avec 14 verbes : **aller**, **venir**, **entrer**, **sortir**, **arriver**, **partir**, **monter**, **descendre**, **passer**, **rester**, **retourner**, **devenir**, **naître** et **mourir**.

Le participe passé s'accorde toujours avec le sujet.
> *Elisa* ***s'est levée*** *tôt,* ***elle est partie*** *avec son amie Karine à la plage.* ***Elles se sont baignées***, ***elles sont restées*** *au bord de la mer jusqu'à midi.*

Quand les verbes **passer**, **(r)entrer**, **sortir**, **monter**, **descendre** et **retourner** sont suivis d'un complément d'objet direct, il faut utiliser l'auxiliaire **avoir**.
> ***Elle est montée*** *en haut de la tour Eiffel.*
> ***Elle a monté*** <u>*ses bagages*</u> *dans sa chambre.*
> COD

> ***Ils sont passés*** *me voir hier soir.*
> ***Ils ont passé*** <u>*leurs vacances*</u> *dans les Alpes.*
> COD

Le cas des verbes pronominaux

Si le verbe pronominal se construit avec « à quelqu'un » (**parler**, **écrire**, **téléphoner**...), il n'y a pas d'accord.
> *Elles* ***se sont rencontrées***. (rencontrer quelqu'un)
> *Elles* ***se sont téléphoné***. (téléphoner à quelqu'un)

Quand le verbe pronominal est suivi d'un complément d'objet direct, le participe passé ne s'accorde pas avec le sujet.
> *Elle s'est lavée.* (= Elle a lavé elle-même.)
> *Elle s'est lavé les mains.* (= « Les mains » est ici un COD. *Elle a lavé ses mains.*)

1 Dans les phrases suivantes, soulignez les participes passés, donnez l'infinitif des verbes et classez-les dans le tableau selon la terminaison du participe.

1. Ils sont <u>arrivés</u> lundi, ils ont passé toute la semaine chez nous, ils sont repartis hier matin.

2. Tu as vu ta copine Mathilde depuis qu'elle s'est mariée ? Moi, je n'ai pas eu de nouvelles d'elle depuis longtemps.

3. Mon ordinateur est cassé, je crois. Hier, quand je l'ai ouvert, il a fait un bruit bizarre et tout s'est éteint d'un seul coup. Je n'ai pas réussi à le rallumer !

4. Qui a peint le tableau *Guernica* ? On me l'a dit mais j'ai oublié.

5. Il a suivi les cours de maths pendant toute l'année mais il n'a jamais compris le théorème de Pythagore. Pourtant, le prof leur a expliqué plusieurs fois !

6. Il nous a offert un beau bouquet de fleurs. Il les a cueillies dans son jardin.

7. Je les ai mises dans le vase que j'ai acheté à Venise l'année dernière.

Participes terminés en *-é*	Participes terminés en *-eint*	Participes terminés en *-ert*	Participes terminés en *-i*	Participes terminés en *-is*	Participes terminés en *-it*	Participes terminés en *-u*
arriver						

2 Voici la notice biographique de Charlie Chaplin. Rédigez-la en utilisant des passés composés.

CHARLIE CHAPLIN

1889 : naissance à Londres
1896 : mort de son père, alcoolique
1899 : débuts au théâtre
1908 : départ pour les États-Unis
1914 : création du personnage de Charlot
1921-1940 : réalisation de ses meilleurs films (*The Kid*, 1921 / *The Dictator*, 1940)
1943 : quatrième mariage avec Oona O'Neil (jeune fille de 18 ans)
1952 : départ des États-Unis pour l'Europe (pour des raisons politiques)
1977 : mort en Suisse
Quatre mariages, dont trois avec des actrices
Dix enfants, dont huit avec sa dernière femme

3.3 L'imparfait et le passé composé

L'imparfait

On emploi l'imparfait pour :

- parler d'une action passée.
  *Avant de vivre à Lyon, j'**habitais** à Nantes et je **faisais** de la voile.*

- parler d'une habitude passée.
  *Quand **j'habitais** à Santiago, je me **promenais** souvent dans le quartier de Bellavista.*

- décrire ou expliquer une situation passée, un état passé, sans début ou fin précis.
  *Avant, Paris **s'appelait** Lutèce.*
  *En 1998, le téléphone portable **n'était pas** aussi banal qu'aujourd'hui.*

- exprimer qu'une action aurait pu se produire.
  *Merci de m'avoir réveillé, madame ! Une minute de plus et je **ratais** ma station de métro !*

L'imparfait et le passé composé

Dans un récit au passé, on utilise :

- l'imparfait pour les descriptions, les situations (le décor) ou pour les explications.

- le passé composé pour les actions, les faits, les événements.

  *Ce matin, **je me suis levé** tôt pour aller travailler. **J'ai pris** le métro comme d'habitude mais **il n'y avait** presque personne. Tout à coup, **je me suis souvenu** de la date : **c'était** le 14 juillet ! Alors, comme **il faisait** beau, **je suis allé** boire un café en terrasse. Et pendant que **j'étais** là, tranquille, **j'ai vu** ma copine qui **se promenait** avec un beau garçon.*

> Des expressions pour introduire le passé composé : **tout à coup, soudain, soudainement, brusquement…**

On pose le décor, on présente la situation (le garçon à la terrasse d'un café en train de boire son café tranquillement) et soudain, un événement vient interrompre cette situation (sa copine passe devant le café). L'imparfait marque une action en train de se dérouler dans le passé et non achevée (elle se promenait).

> Des expressions pour introduire l'imparfait : **avant, autrefois, à cette époque-là, dans ce temps-là, pendant que…**

1 Conjuguez les verbes entre parenthèses à l'imparfait ou au passé composé. Attention aux accords !

1. Quand il _____ (arriver) en France, il _____ (avoir) vingt-deux ou vingt-trois ans.

   Il _____ (être) étudiant. Je me souviens très bien de lui : il _____ (être)

   très beau ! Il _____ (habiter) dans ma rue. Toutes les filles du quartier _____

   (être) amoureuses de lui. Quand il _____ (partir) à la fin du mois de juin, quelle tristesse !

2. Ce matin, quand j(e) _____ (ouvrir) la fenêtre, quelle surprise ! Il _____ (neiger) ! De

   la neige à Lyon un 15 juin ! J(e) _____ (prendre) une photo et je l(a) _____

   (envoyer) à mes amis de Strasbourg. Ils m(e) _____ (répondre) qu'il _____

   (neiger) aussi chez eux depuis deux jours. J(e) _____ (mettre) un gros manteau et des bottes,

   j(e) _____ (prendre) mon parapluie et je _____ (sortir) sous la neige.

3. Hier, dans le métro, nous _____ (voir) quelque chose d'intéressant. Il y _____

   (avoir) un vieux monsieur qui _____ (jouer) du violon. Il _____ (être) très

   vieux, plus de 80 ans. C(e) _____ (être) magnifique ! À la fin, les gens _____ (applaudir)

   et tout le monde lui _____ (donner) de l'argent. Avant de descendre, il _____

   (expliquer) qu'il _____ (être) un ancien violoniste de l'opéra de Bucarest.

2 Dans le texte suivant, insérez les phrases à l'imparfait à la place qui convient.

> 1. Tous les arbres étaient en fleurs, c'était superbe   2. Le directeur était là, pas très content
>
> 3. il était à peine huit heures et quart   4. Il se sentait très bien au soleil, très heureux
>
> 5. Il était dix heures   6. Il faisait très beau ce matin-là   7. il avait une petite demi-heure devant lui

Comme tous les jours, Léo est parti de chez lui à huit heures. ☐ Alors, il a décidé d'aller au bureau à pied pour profiter de ce beau temps. Il a traversé le jardin public. ☐ Il a regardé sa montre : ☐ , ☐ . Il a décidé de s'asseoir un moment dans le jardin. ☐ Il a fermé les yeux et il s'est endormi au soleil. Quand il s'est réveillé, oh là là ! ☐ . Il s'est levé comme un fou et a couru jusqu'à son bureau. ☐ . Léo s'est excusé et il s'est mis tout de suite au travail.

3 Cochez le sens le plus proche.

1. Quand Joe est entré dans le bar des Quatre Saisons, les clients se sont tous levés.

   ☐ Les clients se sont levés parce que Joe est arrivé dans le bar.
   ☐ Quand Joe est arrivé, il n'y avait pas de clients.
   ☐ Quand Joe est arrivé, les clients étaient debout depuis un moment.

2. Quand Jasmine est arrivée en classe, le professeur écrivait au tableau.

   ☐ Il a commencé à écrire quand elle est arrivée.
   ☐ Il a écrit parce qu'elle arrivait.
   ☐ Il écrivait déjà avant l'arrivée de Jasmine.

3. L'enfant pleurait quand sa mère partait.

   ☐ À chaque fois que sa mère partait, il pleurait.
   ☐ Il a pleuré parce que sa mère est partie.
   ☐ Il pleurait. Alors, elle est partie.

3.4 Le plus-que-parfait

Comme le passé composé, le plus-que-parfait est un temps composé. Il a une valeur d'accompli : l'action est achevée dans le passé.

Formation

Le plus-que-parfait se forme avec l'auxiliaire **être** ou **avoir** conjugué à l'imparfait et avec le participe passé du verbe.

> **J'avais terminé** mon travail deux jours plus tôt.
> **Il était parti** travailler à l'étranger juste deux mois avant la naissance de son fils.

Emploi

Le plus-que-parfait fonctionne en relation avec d'autres temps du passé (imparfait, passé composé) pour exprimer l'antériorité d'un fait passé par rapport à un autre fait passé : il indique un événement plus ancien dans le passé.

> Le train **était** déjà **parti** quand je suis arrivé à la gare.
> Je lui ai rapporté ce matin les livres qu'**elle m'avait prêtés** la semaine dernière.

> L'adverbe se place entre l'auxiliaire et le verbe conjugué aux temps composés (passé composé, plus-que-parfait, futur antérieur) quand il est court (**assez, au moins, bien, bientôt, déjà**...). Si l'adverbe a plus de deux syllabes (**doucement, énergiquement**, etc.) il se place plutôt après le participe passé.
> *Il avait répondu agressivement.*

Le plus-que-parfait et les autres temps du passé

L'imparfait, le passé composé et le plus-que-parfait distinguent différents moments du passé :

- L'imparfait : l'action est en train de se dérouler, elle est en cours : elle n'est pas accomplie. On décrit le contexte, la situation, le décor.

- Le passé composé : il y a une suite d'actions ; le passé composé exprime des faits achevés à un moment déterminé ou indéterminé du passé.

- Le plus-que-parfait : l'action est plus ancienne, elle a eu lieu avant le moment dont on parle.

> Avant-hier, je me promenais sur les Champs-Élysées : il faisait beau et les oiseaux chantaient. Je me sentais bien.
> Tout à coup, une limousine s'est arrêtée. Comme j'étais curieux, je me suis approché de la voiture. Une chanteuse très connue en est descendue : c'était Beyoncé ! Elle était belle !
> Elle portait des lunettes de soleil mais je l'ai tout de suite reconnue. Je l'avais déjà vue à la télévision mais jamais dans la réalité.

Dans l'exemple, on utilise l'imparfait pour exprimer un fait en train de se dérouler (je me promenais), pour décrire le décor (il faisait beau, les oiseaux chantaient) et la chanteuse (elle était belle, elle portait des lunettes de soleil) ; le passé composé pour une suite de faits (une limousine s'est arrêtée, je me suis approché, une chanteuse est descendue) et l'on utilise le plus-que-parfait pour parler d'un fait antérieur au moment de la situation (je l'avais déjà vue à la télévision).

1 **Reliez.**

1. Il s'est réveillé très tard.
2. Quand je suis rentré chez moi,
3. Quand j'ai rencontré Eva,
4. Le docteur est arrivé trop tard.
5. Il a ouvert la fenêtre. Merveilleux !
6. Je t'ai apporté le DVD de David Lynch.

A. elle avait déjà fini ses études.
B. L'homme était déjà mort !
C. Son réveil n'avait pas sonné.
D. Il avait neigé, tout était blanc.
E. C'est bien celui que tu m'avais demandé, n'est-ce pas ?
F. mon frère était déjà arrivé.

2 **Complétez en utilisant un plus-que-parfait comme dans l'exemple.**

La nouvelle baby-sitter est super ! Ce soir, quand je suis rentrée du travail, tout était fait ! *Les enfants avaient pris leur bain, ils avaient dîné et elle les avait couchés.*

1. Hier matin, Carl s'est réveillé avec un terrible mal de tête. C'est normal. La veille, _____
_____.

2. Personne ne s'est étonné de l'absence du professeur. En effet, _____
_____ deux jours plus tôt.

3. Ils étaient ravis d'avoir enfin trouvé un appartement assez grand et pas trop cher. Il faut dire que _____
_____ pendant des mois !

4. Je suis arrivé trop tard au théâtre. _____ et je n'ai pas pu entrer.

3 **Conjuguez les verbes au présent, à l'imparfait, au passé composé ou au plus-que-parfait. Attention aux accords.**

Le soir du 22 mars, la comtesse de Grandville a été assassinée. L'enquête n'avance pas. Nous sommes le 12 avril.
L'inspecteur Javert interroge pour la troisième fois le couple de gardiens, Emma et Hector Brunet.

– Alors, madame Brunet, ce fameux soir du 22 mars, vous _____ (être) où ?

– Je vous l(e) _____ (dire) au moins dix fois ! Nous _____ (rester)
chez nous toute la soirée. La veille, le 21, mon frère et sa femme _____
(venir) dîner avec nous. Chaque année, le 21 mars, on _____ (dîner) ensemble.
C'_____ (être) le jour de mon anniversaire. Alors...

– D'accord, d'accord ! On ne _____ (parler) pas du 21 mais du 22. Vous n(e) _____
_____ (entendre) aucun bruit ? Vous _____ (ne rien)
remarquer) de bizarre ce soir-là ?

– Non. La veille, nous _____ (se coucher) tard, nous _____ (boire) un peu trop.
Alors, vous _____ (comprendre), ce soir du 22, nous _____ (se coucher) tôt,
vers dix heures. Et on _____ (tuer) cette pauvre comtesse entre deux heures et cinq heures du matin. A cette
heure-là, nous _____ (dormir). Mais je vous _____ (dire) tout ça la dernière fois.

– Bon. Et vous, monsieur Brunet ?

– Moi, je _____ (dire) comme ma femme. Vous _____ (savoir), dans l'immeuble, les gens _____
(entrer) et _____ (sortir) à n'importe quelle heure. Nous _____ (être) des gardiens, pas des flics*. Oh
pardon ! Cette nuit-là, on _____ (dormir), comme ma femme vous l(e) _____ (dire).

* des flics (français familier) : des policiers.

3.5 Le futur proche, le futur simple et le futur antérieur

Le futur proche

Le futur proche se forme avec le verbe **aller** conjugué au présent suivi d'un infinitif.
> *Ma sœur **va se marier** avec Paul.*

Le futur simple

On forme le futur simple à partir de l'infinitif (sauf pour certains verbes du troisième groupe) auquel on ajoute toujours les mêmes terminaisons : **-ai, -as, -a, -ons, -ez, -ont**.
> ***On dansera** toute la nuit et **on rentrera** au petit matin !*

Les verbes en **-uyer** (**appuyer**, **essuyer**, **ennuyer**…) et les verbes en **-oyer** (**employer**, **nettoyer**, **tutoyer**, sauf **envoyer**) changent le **y** du radical en **i** devant un **e** muet.

*je netto**ierai***	*tu tuto**ieras***	*vous essu**ierez***	*elles s'ennu**ieront***

Il existe aussi 12 formes irrégulières :

avoir → *j'aurai*	envoyer→ *j'enverrai*	tenir → *je tiendrai*	valoir → *je vaudrai*
être → *je serai*	faire → *je ferai*	pouvoir→ *je pourrai*	venir → *je viendrai*
aller → *j'irai*	savoir → *je saurai*	vouloir → *je voudrai*	voir → *je verrai*

Le futur antérieur

C'est un temps composé. Il est formé de l'auxiliaire **être** ou **avoir** au futur simple suivi du participe passé du verbe.

écrire → *j'aurai écrit*	partir → *je serai parti*	voir → *j'aurai vu*	venir → *je serai venu*

Emploi

Le futur proche situe l'action dans un avenir immédiat et exprime un fait qui va se réaliser.
> – *Chut ! Le spectacle **va commencer**.*
> – ***Je vais te dire** un secret : écoute bien…*

Le futur simple peut exprimer :

- un fait précis.
  > *L'examen final **aura** lieu le 17 mai.*

- une demande, un ordre.
  > ***Tu fermeras** la porte quand tu partiras.*
  > *Pour le prochain cours, **vous apprendrez** le vocabulaire de la page 7.*

Le futur antérieur exprime :

- un fait qui sera réalisé avant un autre fait dans le futur.
  > *Tu laveras bien les pinceaux quand tu **auras fini** de peindre.*

- une explication, une supposition (le futur antérieur a alors la valeur d'un passé composé).
  > *Personne ne répond ? Tes parents **ne seront pas revenus** de leur promenade ou **ils seront passés** voir Pierre…*

- l'indignation, la surprise, le regret, l'ironie.
  > *Le restaurant est fermé ? On peut dire que **je serai venu** pour rien !*

> Futur proche = l'action est sur le point de se réaliser.
> Futur simple = il y a une rupture avec le moment où l'on parle.
> Futur antérieur = action future antérieure à une autre action future.

1 Conjuguez les verbes entre parenthèses au futur simple.

1. Tu _____ (voir), quand nous _____ (aller) à l'Île aux Oiseaux, nous _____ (faire) un grand feu sur la plage.

2. Dès que je _____ (savoir) ma nouvelle adresse, je t' _____ (envoyer) un mail pour te la donner.

3. Quand ils _____ (vouloir) changer de stratégie, ils _____ (s'apercevoir) qu'il fallait y penser plus tôt. Ce _____ (être) trop tard !

4. Allez, tu _____ (venir) à mon mariage ? Dis-moi oui. Je sais que tu détestes les cérémonies mais pour une fois, fais un effort, tu n'en _____ (mourir) pas ! Tu _____ (pouvoir) rester dans ton coin, je te le promets.

2 Futur simple ou futur proche ? Choisissez.

1. Le ciel est tout noir. Je crois bien qu'il *pleuvra / va pleuvoir* !
2. AVIS : L'hôtel *fermera / va fermer* ses portes du 12 au 31 août pour les congés annuels.
3. Quand tu *seras / vas être* étudiant, tu *habiteras / vas habiter* tout seul. Mais tant que tu es au lycée, tu restes à la maison !
4. Attends un peu ! Je *réfléchirai / vais réfléchir* et je te *répondrai / vais te répondre* plus tard.
5. Le train 2040 à destination de Bordeaux *partira / va partir* voie 12. Il *desservira / va desservir* les gares d'Orléans, de Tours et de Bordeaux, son terminus. Départ à 18 h 34 voie 12.
6. Nous *commencerons / allons commencer* notre descente vers l'aéroport de Roissy-Charles-de-Gaulle. Vous êtes priés de regagner vos sièges et d'attacher vos ceintures. Merci.

3 Écoutez ce poème écrit par Victor Hugo après la mort de sa fille Léopoldine. Complétez-le.

Piste 4

Demain, dès l'aube

Demain, dès l'aube, à l'heure où blanchit la campagne,

_____ . Vois-tu, je sais que tu m'attends.

_____ par la forêt, _____ par la montagne.

Je ne puis demeurer loin de toi plus longtemps.

_____ les yeux fixés sur mes pensées,

Sans rien voir au dehors, sans entendre aucun bruit,

Seul, inconnu, le dos courbé, les mains croisées,

Triste, et le jour pour moi _____ comme la nuit.

_____ ni l'or du soir qui tombe,

Ni les voiles au loin descendant vers Harfleur,

Et, quand _____, _____ sur ta tombe

Un bouquet de houx vert et de bruyère en fleur.

Victor Hugo, *Les Contemplations (1845-1856)*

Victor Hugo

1 Conjuguez les verbes entre parenthèses au temps qui convient.

1. Avant, il y _____ (avoir) une vingtaine de cinémas dans le quartier. Ils _____ (fermer) les uns après les autres. Aujourd'hui, il n'en _____ (rester) aucun.

2. Hier, au bureau, un collègue _____ (raconter) que l'été dernier, au club Méditerranée, il _____ (avoir) une histoire d'amour avec Kate Moss mais personne ne le _____ (croire). Tout le monde _____ (savoir) qu'il _____ (être) complètement mythomane.

3. Actuellement, pour les vacances, nous _____ (hésiter) encore entre l'Égypte et la Jordanie, mais nous te _____ (prévenir) dès que nous ___ _____ (se décider).

4. Cette nuit, je _____ (se réveiller) à cause de l'orage. Le vent _____ (souffler) très fort, on _____ (entendre) le tonnerre. Je _____ (se cacher) sous les couvertures parce que, depuis toujours, je _____ (avoir) terriblement peur de l'orage.

5. Attention, mon trésor. Tu _____ (se faire mal) ! Tu _____ (savoir) bien que tu _____ (être) trop petit pour manger avec un couteau.

6. Dès que tu _____ (finir) de prendre ton petit déjeuner, nous _____ (pouvoir) partir. Allez, vite !

7. Tu _____ (devoir) rendre le plus tôt possible les livres à la bibliothèque. Ils _____ (envoyer) une lettre de rappel pour dire que tu _____ (dépasser) la date limite. Si tu _____ (ne pas le faire) tout de suite, tu _____ (avoir) une amende.

8. Hier soir, quand Laura _____ (arriver) chez elle, elle _____ (constater) qu'elle _____ (oublier) son sac au bureau. Zut ! Pas de clés pour rentrer ! Elle _____ (devoir) retourner les chercher. Heureusement, les bureaux _____ (être) encore ouverts !

2 Écoutez et cochez la bonne réponse.

Piste 5

1. Kelly Johnson a décidé de venir en France...
   ☐ pour étudier à l'université.
   ☐ pour se marier avec son copain français.
   ☐ pour mieux connaître la cuisine française.

2. Aujourd'hui, elle vit...
   ☐ à Paris.
   ☐ à Rodez.
   ☐ à Marseille.

3. Qu'est-ce qu'elle fait ? Elle est...
   ☐ stagiaire dans un restaurant.
   ☐ baby-sitter.
   ☐ serveuse dans un bar.

4. Qu'est-ce qu'elle dit de son patron ? Qu'il est...
   ☐ formidable, généreux.
   ☐ exigeant, sévère.
   ☐ un peu paresseux.

5. Après le mois de septembre, elle va...
   ☐ travailler en Alsace.
   ☐ rentrer à Chicago.
   ☐ retourner à l'université.

6. Elle veut travailler à Lyon avant de retourner aux États-Unis parce que...
   ☐ elle connaît très bien Lyon.
   ☐ Lyon est célèbre pour sa cuisine.
   ☐ les parents de son copain sont lyonnais.

7. Plus tard...
   ☐ elle ouvrira un restaurant français aux États-Unis.
   ☐ elle ouvrira un restaurant américain à Lyon.
   ☐ elle sera professeure de français à Chicago.

3 Écoutez l'enregistrement puis insérez dans ce texte les éléments à l'imparfait proposés à droite.

Mardi dernier, je suis allé dans une pharmacie près des Champs-Élysées pour acheter de l'aspirine. ☐ ☐ Soudain, deux hommes sont entrés. ☐ Ils ont brandi un revolver et ils ont demandé la caisse. ☐ Le garçon de la pharmacie a fait un geste vers la sonnette, et alors ils ont tiré en l'air. ☐ On s'est mis à hurler. Alors, à ce moment-là, la pharmacienne est arrivée tout doucement de l'arrière-boutique. ☐ Elle les a aspergés et ils se sont enfuis. Je suis allé boire un verre au café d'en face. ☐

1. Ils voulaient lui faire peur.

2. Elle avait un extincteur d'incendie à la main.

3. Le plus grand avait une cagoule noire sur le visage, l'autre portait un masque de carnaval.

4. J'avais mal à la tête depuis le matin.

5. J'étais mort de peur et l'employé aussi.

6. J'avais besoin de ça pour me remettre de mes émotions !

7. La pharmacie était presque vide, il y avait juste une vieille dame devant moi.

4 À partir des éléments suivants, rédigez la biographie de Toussaint Louverture.

TOUSSAINT
LOUVERTURE

1743 : né en Haïti
(île de Saint-Domingue, colonie française)
1779 : dirige une exploitation de café
1791 : début de l'insurrection pour l'autonomie de l'île
1794 : abolition de l'esclavage
1797 : nommé gouverneur de Saint-Domingue
1801 : nommé par Bonaparte capitaine général de
Saint-Domingue (la plus haute fonction)
1801 : Toussaint Louverture déclare l'île autonome
1802 : arrêté par l'armée de Bonaparte et emprisonné
dans l'est de la France
1803 : Toussaint Louverture meurt de froid
1804 : son lieutenant Jean-Jacques Dessalines
proclame l'indépendance d'Haïti, première république
noire du monde
2009 : inauguration d'une plaque au Panthéon à la
mémoire de Toussaint Louverture

1 Entourez la forme correcte. ____ /9

1. De 2008 à 2012, les Bertin *vivent / ont vécu* à Chicago.

2. Au Moyen-Âge, presque tous les gens *étaient / ont été* des paysans.

3. Le 30 juin 2011, Léa et Théo *se mariaient / se sont mariés*.

4. Où est-ce que *tu achetais / as acheté* ton nouvel ordinateur ?

5. Jules ! Descends tout de suite ! Tu *tomberas ! / vas tomber* !

6. Il est étudiant et pas très riche, mais dans cinq ans quand il *finira / aura fini* ses études, il *va gagner / gagnera* très bien sa vie.

7. Quand nous *étions / avons été* enfants, nous *allions / sommes allés* à l'école à bicyclette.

2 Accordez le participe si c'est nécessaire. ____ /5

1. Elles se sont dépêché_____ parce qu'elles étaient très en retard. Mais quand elles sont arrivé _____ à la gare, trop tard ! Le train était déjà parti _____.

2. La voisine m'a donné _____ une lettre et un paquet. Quand il est passé _____, le facteur les lui a confié _____ parce que je n'étais pas là ce matin.

3. Comme il pleuvait, ils ont décidé _____ de rester chez eux au lieu d'aller au cinéma. Ils ont regardé _____ un film à la télévision.

4. – Où sont mes valises ? Quelqu'un les a monté _____ dans la chambre ?
   – Non, elles sont resté _____ dans le hall. Les voici.

3 Reliez. ____ /3

1. Dès que tu auras fini ton livre,	A. tu seras puni.
2. Quand tu auras réussi ton bac,	B. on pourra se reposer !
3. Tant qu'il n'aura pas accepté,	C. ils iront faire la sieste.
4. Dès qu'ils auront fini de déjeuner,	D. tu me le prêteras ?
5. Tant que tu n'auras pas demandé pardon,	E. je t'offrirai une voiture. Pas avant !
6. Quand on aura tout rangé,	F. elle insistera encore et encore !

4 Dans deux phrases le futur exprime une idée de probabilité, de supposition. Lesquelles ? ____ /3

1. ☐ Dès que tu auras fini tes devoirs, tu pourras aller jouer. Mais pas avant !

2. ☐ Alex n'est pas là pour dîner ? Oh là là, tu vas voir, il sera encore resté à jouer au foot avec ses copains, comme d'habitude, et il aura oublié l'heure !

3. ☐ Je suis sûr que vous aurez beau temps ce week-end. La météo annonce du soleil partout.

4. ☐ Tiens ! Les clés de Sonia ! Elle les aura oubliées en partant. Appelle-la pour la prévenir qu'elles sont là.

5. ☐ Marta rentre à Madrid, elle prendra l'avion mercredi prochain à 16h00.

4. LES AUTRES MODES

4.1 Le subjonctif

C'est le mode de l'idée, de la subjectivité, au contraire du mode indicatif qui permet d'exprimer une constatation, une conviction, un fait. L'indicatif montre une certaine réalité : il est objectif alors que le subjonctif exprime une attitude plus subjective.

> *Je sais que **tu fais** beaucoup la fête.* (réalité, fait certain : indicatif)
> *Je souhaite que **tu fasses** moins la fête.* (expression du désir : subjonctif)

On trouve le subjonctif presque toujours dans les propositions subordonnées après un verbe qui exprime un sentiment, un désir, un doute…

Il existe quatre temps au subjonctif mais on n'emploie, dans la langue courante, que les subjonctifs présent et passé.

Formation du subjonctif présent

Pour presque tous les verbes, on forme le subjonctif à partir de la dernière personne du présent de l'indicatif sauf pour les deux premières personnes du pluriel, **nous** et **vous**, qui ont la même forme que l'imparfait.

	travailler	finir	venir	écrire
3ᵉ personne présent indicatif	*ils travaillent*	*ils finissent*	*ils viennent*	*ils écrivent*
que je	*travaille*	*finisse*	*vienne*	*écrive*
que tu	*travailles*	*finisses*	*viennes*	*écrives*
qu'il / elle	*travaille*	*finisse*	*vienne*	*écrive*
que nous	*travaillions*	*finissions*	*venions*	*écrivions*
que vous	*travailliez*	*finissiez*	*veniez*	*écriviez*
qu'ils / elles	*travaillent*	*finissent*	*viennent*	*écrivent*

Quelques verbes irréguliers courants au subjonctif présent :

	Totalement irréguliers					"Mixtes"		
	avoir	être	faire	savoir	pouvoir	aller	vouloir	valoir
que je / j'	*aie*	*sois*	*fasse*	*sache*	*puisse*	*aille*	*veuille*	*vaille*
que tu	*aies*	*sois*	*fasses*	*saches*	*puisses*	*ailles*	*veuilles*	*vailles*
qu'il / elle	*ait*	*soit*	*fasse*	*sache*	*puisse*	*aille*	*veuille*	*vaille*
que nous	*ayons*	*soyons*	*fassions*	*sachions*	*puissions*	***all**ions*	***voul**ions*	***val**ions*
que vous	*ayez*	*soyez*	*fassiez*	*sachiez*	*puissiez*	***all**iez*	***voul**iez*	***val**iez*
qu'ils / elles	*aient*	*soient*	*fassent*	*sachent*	*puissent*	*aillent*	*veuillent*	*vaillent*

> *Je voudrais que **tu sois** plus gentil avec ta sœur et que **tu aies** un peu de patience.*
> *Je ne veux pas que **tu ailles** tout seul au cinéma.*

Formation du subjonctif passé

Le subjonctif passé est un temps composé. Il se forme de l'auxiliaire **être** ou **avoir** conjugué au subjonctif présent et du participe passé du verbe.

Passé composé de l'indicatif	Subjonctif passé
***Elle a gagné** la course.*	*Je suis content qu'**elle ait gagné** la course.*

1 Écoutez et cochez ce que Sonia, la baby-sitter, doit faire.

Piste 7

1. ☐ Faire le ménage.
2. ☐ Acheter un pain au chocolat pour la petite fille.
3. ☐ Aller chercher Benoît au collège.
4. ☐ Emmener Flore au square.
5. ☐ Faire les courses au supermarché.
6. ☐ Aider Benoît à faire ses devoirs.
7. ☐ Faire le dîner pour la petite fille.
8. ☐ Aller chercher les chaussures de Benoît.
9. ☐ Être à quatre heures vingt devant l'école maternelle.
10. ☐ Donner le bain aux deux enfants.

2 Complétez avec un subjonctif.

1. Attention au soleil, c'est dangereux pour les enfants. Il faut que vous _____ (faire) bien attention ! Il faut que vous leur _____ (mettre) de la crème solaire et il ne faut surtout pas qu'ils _____ (sortir) entre midi et quatre heures. Il faut aussi qu'ils _____ (mettre) un chapeau et un T-shirt. Ne l'oubliez pas !

2. Le travail idéal : il faut qu'il _____ (me plaire) bien sûr, mais il faut aussi qu'il _____ (être) pas trop loin de chez moi pour que je _____ (pouvoir) y aller à pied, et enfin j'aimerais que les collègues _____ (être) sympas.

3. Si vous voulez avoir votre bac, il faudrait que vous _____ (sortir) moins souvent le soir et que vous _____ (se mettre) à travailler un peu plus sérieusement.

4. Avant d'aller jouer, je veux que tu _____ (faire) tes devoirs. Il faut d'abord que tu _____ (prendre) ton goûter et que tu _____ (apprendre) ta leçon pour demain.

3 Transformez ces phrases comme dans l'exemple.

Reviens vite ! → Je voudrais que _tu reviennes vite._

1. Venez nous voir cet été, ce serait vraiment gentil → Nous aimerions beaucoup que _____
_____

2. Écris-moi au moins une fois par semaine → Je veux que _____
_____

3. Tiens la main de ta sœur pour traverser la rue, s'il te plaît ! → J'aimerais que _____
_____

4. Fais bien attention à toi ! → Il faut que _____
_____

5. Il est tard. Dors maintenant ! → Il est tard. Il faut que _____
_____

4.2 Le subjonctif : emploi et déclencheurs

Le subjonctif s'emploie surtout dans les propositions subordonnées :

- après des verbes exprimant un jugement, un sentiment : **vouloir**, **aimer**, **désirer**, **souhaiter**, **douter**, etc.

Le désir, le souhait	– *J'aimerais bien que* **vous alliez** *à Cannes.* – *Et moi, je voudrais que* **tu ailles** *à New York.*

! Mais **j'espère que** + indicatif.
  *J'espère qu'**il sera** content de son cadeau d'anniversaire.*

Le doute	*Je doute qu'**elle soit** vraiment malade.* *Je ne crois pas qu'**elle comprenne** la situation.*

! Mais **je crois / pense que** + indicatif.
  Je crois que tu as raison.

La crainte	*Il conduit trop vite. J'ai peur qu'**il ait** un accident.*

Le regret	*Je regrette que* **tu ne puisses pas** *venir.* *Je suis désolé qu'**elle soit partie** sans dire au revoir.*

L'ordre, L'interdiction	– *Papa ordonne que* **j'aille** *à Bordeaux.* – *Et moi, je ne veux pas que* **tu y ailles** *!*

> En français soutenu, on dira :
> *J'ai peur qu'il n'ait un accident.* Le **ne** n'a pas ici de valeur vraiment négative, il est stylistique et est utilisé après l'expression de la crainte (**je crains que…, j'ai peur…**) et après les conjonctions **avant que** et **à moins que**. On l'appelle **ne** explétif.

- après des constructions impersonnelles qui expriment une contrainte, une appréciation, une possibilité, un doute… : **il faut que, il est important que, il est nécessaire que, il vaut mieux que, il est temps que, ça m'étonnerait que,** etc.
  *Il est possible qu'**il fasse** ses études à Berlin.*
  *Il est indispensable que **tu t'inscrives** avant le 15 octobre.*

- après certaines conjonctions exprimant le but, l'opposition et la concession, le temps, l'hypothèse et la condition : **pour que** (but), **de peur que** (crainte), **avant que, en attendant que, jusqu'à ce que** (temps), **à condition que, à supposer que** (condition, supposition, hypothèse), **bien que** (concession), etc.
  *Reste à la maison jusqu'à ce que **je revienne**.*
  *Je lui ai mis son gros manteau pour qu'**il n'ait pas** froid.*

- après des relatifs pour exprimer l'éventualité, l'incertitude.
  J'ai trouvé un travail qui me plaît. (Ce travail existe, il est réel → **qui** + indicatif.)
  *Je cherche un travail qui me **plaise**.* (Je ne sais pas si ce travail existe ou non → **qui** + subjonctif.)

Avec les verbes de jugement, de sentiment, etc. et avec les conjonctions de but, d'opposition, etc., il faut que les sujets des deux propositions soient différents.
  J'aimerais sortir. (1 sujet) / *J'aimerais que **tu sortes**.* (2 sujets)
  Il a peur d'être ridicule. (1 sujet) / *Il a peur que **je sois** ridicule.* (2 sujets)
  J'ai fait ça sans le savoir. (1 sujet) / *J'ai fait ça sans qu'**ils** le sachent.* (2 sujets)

Il n'existe ni futur simple ni futur proche au subjonctif. On utilise le présent du subjonctif.

Phrase au futur de l'indicatif	Phrase au subjonctif
Il viendra demain.	*Je suis content qu'il vienne demain.*
Elle va venir.	*Je doute qu'elle vienne.*

1 Dans les phrases suivantes, qu'est-ce que le subjonctif exprime ?

(un refus)   (une crainte)   (un doute)   (un ordre)   (un souhait)

(une possibilité)   (un regret)   (un conseil)

1. Il a demandé que tu viennes tout de suite dans son bureau. → _____

2. J'aimerais mieux que tu ailles voir un médecin. Je crois que c'est plus prudent. → _____

3. Ce serait vraiment étonnant qu'il soit à l'heure ! Un vrai miracle ! → _____

4. Quel dommage que vous ne puissiez pas venir à la fête ! → _____

5. Regarde le ciel ! Il se pourrait bien qu'il y ait un orage. → _____

6. Je voudrais de tout mon cœur qu'il réussisse cette fois-ci ! → _____

7. Ah non ! Pas question qu'il vienne avec nous ! Mille fois non ! → _____

8. Il a toujours eu peur que ses parents apprennent la vérité. → _____

2 Reliez.

1. Bien qu'il ait vingt-deux ans,
2. Installez-vous, buvez un verre
3. Pour que vous compreniez bien
4. On m'a volé mon portefeuille
5. Je t'emmènerai au cirque
6. Il avait tout rangé, tout nettoyé

A. à condition que tu sois sage !
B. sans que je m'en aperçoive !
C. il est encore au lycée.
D. avant que je lui dise de le faire.
E. en attendant que tout le monde soit là.
F. je vais vous faire un plan.

3 Transformez ces phrases avec un subjonctif comme dans l'exemple.

Tu as bu ? Alors, ne conduis pas ! → Si tu as bu, il est impossible que *tu conduises !*

1. Apprends le chinois, c'est une langue utile.

   → Il est important que _____

2. Il est un peu nerveux mais c'est normal.

   → Il est normal qu(e) _____

3. Inscris-toi avant le 1ᵉʳ octobre. C'est indispensable !

   → Il est indispensable que _____

4. Vous êtes un peu fatigué, c'est normal !

   → Il est normal que _____

5. 28 °C au mois de janvier ! Incroyable !

   → C'est vraiment incroyable qu(e) _____

6. Avec des enfants, le mieux, c'est de prendre l'autoroute et de faire une pause toutes les deux heures.

→ Il est préférable que _____

4.3 Le conditionnel

Le conditionnel est un mode qui sert à exprimer l'irréel et l'imaginaire : on le trouve très souvent dans les propositions principales, il exprime une idée soumise à condition.

> *Je ferais un dessin, si j'avais un crayon.*

Formation du conditionnel présent

Le conditionnel présent est formé du radical du futur suivi des terminaisons de l'imparfait.

Comme au futur, on retrouve la lettre **r** juste avant les terminaisons.

	jouer *(je **joue**rai)*	vouloir *(je **voudr**ai)*
je	joue**rais**	voud**rais**
tu	joue**rais**	voud**rais**
il / elle	joue**rait**	voud**rait**
nous	joue**rions**	voud**rions**
vous	joue**riez**	voud**riez**
ils / elles	joue**raient**	voud**raient**

Quelques formes courantes au conditionnel présent :

avoir	→	*j'aurais*
être	→	*je serais*
aimer	→	*j'aimerais*
devoir	→	*je devrais*
faire	→	*je ferais*
boire	→	*je boirais*
pouvoir	→	*je pourrais*
savoir	→	*je saurais*
finir	→	*je finirais*
aller	→	*j'irais*

Formation du conditionnel passé

Le conditionnel passé se forme avec les auxiliaires avoir ou être au conditionnel présent suivi du participe passé du verbe.

avoir	→	*j'aurais eu*	*vouloir*	→	*j'aurais voulu*	*aller*	→	*je serais allé(e)*
être	→	*j'aurais été*	*aimer*	→	*j'aurais aimé*	*partir*	→	*je serais parti(e)*

Emploi

On emploi le conditionnel pour exprimer :

- un désir, un souhait.
  > ***J'aimerais*** *bien avoir un cheval !*

- un conseil.
  > *Il fait frais,* ***tu devrais*** *mettre un pull.*

- une demande polie.
  > *Bonjour madame,* ***je voudrais*** *une baguette, s'il vous plaît.*

- un fait imaginaire.
  > *Imagine que tu sois un super-héros, quels* ***seraient*** *tes pouvoirs ?*

- quelque chose dont on n'est pas sûr.
  > *D'après Philippe, Anne* ***serait*** *en vacances chez sa mère.*

- un regret (toujours au conditionnel passé).
  > *Les enfants* ***auraient voulu*** *avoir un chien.*

- un reproche.
  > *Tu* ***pourrais*** *faire attention !*

> Le conditionnel est un temps quand il exprime le futur du passé, dans la concordance des temps.
> *Je pense qu'il viendra.*
> → *Je pensais qu'il viendrait.*

1 Écoutez. Vous entendez un futur ou un conditionnel ? Cochez la bonne réponse.

	Phrase 1	Phrase 2	Phrase 3	Phrase 4	Phrase 5	Phrase 6
Futur						
Conditionnel						

2 Ces phrases sont impolies, trop brutales. Dites-les de manière polie, en utilisant le conditionnel. Il y a plusieurs réponses possibles.

1. Fermez la porte !

_____

2. Il faut que je vous parle.

_____

3. Une baguette pas trop cuite et un éclair au café !

_____

4. Apportez-moi l'addition !

_____

5. Où est la rue du Commerce ?

_____

3 Reliez.

1. Si tu étais moins nerveux,

2. Au cas où je ne serais pas là,

3. S'il tournait sept fois sa langue dans sa bouche avant de parler,

4. Si tu te couchais plus tôt,

5. Je serais beaucoup plus tranquille

6. Tu pourrais voir les enfants le soir

A. je laisserais la clé chez la concierge.

B. tu serais moins fatigué le matin.

C. si tu rentrais un peu plus tôt.

D. tu réussirais mieux tes examens.

E. il dirait moins de bêtises.

F. si tu prenais le train et non la voiture.

4 Imaginez une journée d'été idéale en utilisant le conditionnel présent.

Je me réveillerais tôt...

4.4 Le gérondif

Le gérondif est un mode dit impersonnel qui n'a qu'un seul temps : le présent. Il s'emploie avec un autre verbe pour indiquer la simultanéité de deux actions faites par le même sujet.

En partant, je ferme la porte.

Formation

C'est une forme composée de la préposition **en** suivie d'un participe présent. Pour former le participe présent, on prend le radical de la première personne du pluriel de l'indicatif et on ajoute la terminaison **-ant**.

	1ʳᵉ personne du pluriel présent indicatif	Participe présent
marcher	*nous marchons*	*marchant*
manger	*nous mangeons*	*mangeant*
finir	*nous finissons*	*finissant*
vouloir	*nous voulons*	*voulant*

Quelques participes présents irréguliers :

être → étant
avoir → ayant
savoir → sachant

Le participe présent peut remplacer **qui** + verbe à l'écrit.

Les étudiants désirant (= qui désirent) participer à la sortie de vendredi sont priés de s'inscrire au secrétariat.

Emploi

Le gérondif s'emploi pour exprimer :

- la simultanéité (temps).
  *Il siffle **en travaillant**.* (= Il siffle pendant qu'il travaille).

- la manière (la cause).
  *Il s'est cassé la clavicule **en tombant** de vélo.* (= Parce qu'il est tombé…).

- la condition.
  *Tu comprendras mieux ce livre **en le relisant**.* (= Si tu le relis).

- l'opposition.
  *Il a de bons résultats **en travaillant** peu.* (= Bien qu'il étudie peu).

- une façon, un moyen.
  *Depuis qu'il est tombé du toit, il marche **en boitant**.*
  *Elle a appris le français **en s'amusant** avec ses petits voisins belges.*

1 Dans les phrases suivantes, à quelle question répond le gérondif : *quand… ? comment… ? à quelle condition… ?*

1. En travaillant un peu plus, il aurait eu son examen sans problème. → _____

2. En allant faire les courses tout à l'heure, passe au pressing, s'il te plaît ! → _____

3. Des ouvriers ont trouvé des vestiges de l'époque gallo-romaine en faisant des travaux pour construire un parking devant Notre-Dame de Paris. → _____

4. En allant au musée archéologique, vous pourriez découvrir comment on vivait il y a trois mille ans.

   → _____

5. Je me suis cassé la jambe en faisant du ski. → _____

6. J'ai rencontré Hector en arrivant au bureau. → _____

7. Il a éclaté de rire en apprenant cette nouvelle ! → _____

8. J'ai trouvé mon appartement en cherchant sur appart.com. → _____

2 a. Lisez ce texte. Puis répondez en utilisant un gérondif.

Bonheurs et malheurs au Festival de Cannes

Par Denis Marchand

En arrivant ce matin à Cannes, les stars* ont eu une mauvaise surprise : il pleuvait. Elles ont dû répondre aux questions des journalistes tout en signant des autographes à leurs fans en s'abritant comme elles pouvaient sous les parapluies.

Quelques « couacs »* pour cette première journée :

• La ravissante Diana Ferrer a déchiré sa robe (une superbe robe de Christian Dior) en essayant d'échapper à ses admirateurs, et Brian Turtleton est tombé en montant les fameuses marches du Palais des Festivals. Il a protesté en disant qu'on l'avait poussé par jalousie et que le tapis rouge était mal posé. En menaçant les organisateurs de leur faire un procès pour atteinte à son image, il a ajouté, très nerveux :

« En faisant mieux les choses, vous pourriez éviter un tel scandale. »

• Une starlette s'est fait remarquer en se promenant seins nus sur la Croisette.

« En montrant mon corps, je fais un acte politique », a-t-elle déclaré pour sa défense, tout en ne croyant pas vraiment à ses propres mots. La police l'a invitée à se couvrir.

• Le soir, Ursula Bellamy s'est étranglée avec une arête de poisson en mangeant une bouillabaisse chez le célébrissime Julien. Il a fallu appeler le SAMU.

* *star* est un mot toujours féminin. Leonardo DiCaprio est une star, Brad Pitt est une star, Kate Moss est une star aussi. Une starlette est une jeune actrice qui rêve de devenir une star.
* un couac = un petit problème qui empêche la réussite totale d'un événement.

1. Quand Brian Turtleton est-il tombé ? _____

2. Pourquoi Diana Ferrer a-t-elle déchiré sa robe ? _____

3. La starlette dit qu'elle voulait faire un acte politique. Comment ? _____

4. Comment la pauvre Ursula Bellamy s'est-elle étranglée ? _____

b. Dans une phrase de ce texte, le gérondif a une valeur de condition. Dans quelle phrase ? Remplacez ce gérondif par une phrase.

_____ *Si…* _____

4.5 L'infinitif

L'infinitif est la forme la plus élémentaire du verbe. Comme le gérondif, c'est un mode impersonnel.
Le mode infinitif a deux temps : le présent (temps simple) et le passé (temps composé).

L'infinitif présent exprime une action en cours de réalisation. Elle est simultanée ou postérieure à
l'action principale.

*Elle veut **regarder** la télévision.* (simultanéité)
*Je suis content d'**aller** au théâtre ce soir.* (postériorité)

Le fait exprimé par l'infinitif passé indique l'antériorité ou l'accompli.

*Matthieu est parti après **avoir bu** un café.* (antériorité)
*Je suis content d'**être allé** au théâtre hier.* (accompli)

L'infinitif peut être considéré comme un nom, c'est le « nom verbal ».

Fumer, c'est nul ! (le fait de fumer) / *Elle adore lire.* (la lecture)

Formation de l'infinitif présent

	Forme active	Forme passive	Forme pronominale
Infinitif présent	*(ne pas) laver*	*(ne pas) être lavé(e)(s)*	*(ne pas) se laver*

Formation de l'infinitif passé

	Forme active	Forme passive	Forme pronominale
Infinitif passé	*(ne pas) avoir lavé*	*(ne pas) avoir été lavé(e)(s)*	*(ne pas) s'être lavé(e)(s)*

Emploi

On emploi l'infinitif :

• pour donner des instructions.
*Pour **aller** à la gare, **prendre** la première rue à gauche...*

• pour donner des conseils, des consignes.
*À **consommer** avant octobre 2016.*

• dans une recette.
*****Casser** les œufs, **séparer** les blancs des jaunes...*

• dans une liste de choses à faire.
– *****Faire** les courses*
– *****Passer** chez le teinturier...*

• après certains verbes, avec ou sans prépositions.
*Il faut **partir**.*
*Tu as fini de **travailler** ?*

> L'infinitif peut remplacer l'indicatif quand les sujets de la phrase principale et de la phrase subordonnée sont identiques, mais cela n'est pas obligatoire et relève de la langue plus soutenue.
> *Elle reconnaît qu'elle avait tort.*
> *Elle reconnaît avoir eu tort.*

• pour exprimer un futur proche après **aller**.
*Tu vas **tomber** !*

• pour exprimer un passé récent après **venir de**.
*Elle vient d'**appeler**.*

• dans certains proverbes.
*Il faut le **voir** pour le **croire** !*

1 Dans quel contexte peut-on rencontrer ces phrases à l'infinitif ?

SUPPRIMER LE SEL ET ÉVITER LES CORPS GRAS   *ordonnance d'un médecin pour un régime alimentaire*

1. ATTENTION, RALENTIR !

2. NE PAS LAISSER À LA PORTÉE DES ENFANTS

3. LAISSER CUIRE À FEU DOUX 45 MINUTES

4. NE PAS SE PENCHER AU-DEHORS

5. PENSER À L'ANNIVERSAIRE DE CLAIRE

6. VOYAGER MOINS CHER AVEC ÉCOTOURISME

2 Transformez les phrases comme dans l'exemple. Attention au temps et à la construction des verbes.

Il croit qu'il a raison → *Il croit avoir raison.*   Il croit qu'il a eu raison → *Il croit avoir eu raison.*

1. Elle ne pense pas qu'elle pourra venir ce soir.

_____ .

2. Je crois que j'ai bien réussi mon examen.

_____ .

3. Ils nous ont annoncé qu'ils se sont mariés discrètement la semaine dernière.

_____ .

4. Elle espère qu'elle obtiendra une récompense au Festival de Berlin.

_____ .

5. Il nous a promis qu'il nous enverrait un message dès son arrivée à Sydney.

_____ .

3 Passage du nom à l'infinitif. Transformez les phrases comme dans l'exemple.

Vous avez vu le départ de la fusée ? → *Vous avez vu partir la fusée ?*

1. Nous avons regardé le passage des cyclistes du Tour de France.

_____ .

2. Et nous avons vu la chute du maillot jaune au 34e kilomètre.

_____ .

3. Finalement, il a accepté la mise en scène de cette pièce de Beckett.

_____ .

4. Quand vient le printemps, c'est bien agréable d'entendre le chant des oiseaux dès l'aube.

_____ .

Piste 9

1 Écoutez et complétez avec les verbes au subjonctif.

– Bon alors. Tu as pensé à tout ?

– Écoute, maman, je ne pars pas au bout du monde !

– Mais si, c'est loin et j'ai peur que tu _____ te débrouiller toute seule là-bas...

– Mais si, je me débrouillerai ! Bon, je crois que j'ai pensé à tout. Mon visa est prêt, il faut que j' _____ le chercher jeudi. Il faut aussi que je me _____ une liste de médicaments et que je _____ à la pharmacie les commander.

– Et pour le chat ? Qu'est-ce que tu vas en faire ?

– Ah non, ça... le chat... Je vais appeler Chris. J'aimerais qu'il _____ mais j'ai peur qu'il _____ non. Peut-être Jeanne... Elle, ça m'étonnerait qu'elle _____, elle adore les chats.

– Et les plantes ?

– Je les laisse à la gardienne jusqu'à ce que je _____ . Ah, il faut aussi que je _____ l'EDF pour qu'on _____ l'électricité à partir du 15.

– Et tes livres ?

– Les livres, c'est fait. Il faut que je _____ ma malle, elle est presque prête. Je vais l'envoyer par bateau.

– Et pour les vêtements, tu as tout ce qu'il faut ? Tu ne veux pas qu'on _____ faire les boutiques ensemble une dernière fois avant que tu _____ ?

– Écoute, des vêtements, j'en achèterai en arrivant là-bas. Il y a des magasins à Hong Kong, tu sais !

– Et ton père ? Et moi ? Qu'est-ce que tu veux qu'on _____ sans toi, ma petite fille...

– Ah j'aimerais bien que vous _____ mais... Je ne veux pas que vous _____ , je ne pars qu'un an, tu sais. Et c'est toujours d'accord pour que vous _____ passer deux semaines avec moi à Noël, non ?

2 Comparez ces phrases. À votre avis, pourquoi utilise-t-on l'indicatif dans la première et le subjonctif dans la seconde ? Expliquez la différence.

1. – Il a demandé si on pouvait être tous là à huit heures précises.
   – Il a demandé que nous soyons tous là à huit heures précises.

   _____

2. – Excusez-moi, monsieur. Je cherche une boutique où on vend des produits importés d'Indonésie.
   – Excusez-moi, monsieur. Je cherche une boutique où on vende des produits importés d'Indonésie..

   _____

3. – J'ai l'impression qu'il dit tout ce qu'il sait.
   – Avez-vous l'impression qu'il dise tout ce qu'il sait ?

   _____

3 a. Lisez le texte et répondez aux questions.

ATTENTION AUX VOLEURS !

La sécurité, c'est l'affaire de la police mais c'est aussi
la vôtre. Voici quelques conseils de prudence.

À la maison

Fermez bien votre porte à clé, faites installer un judas* ou un
entrebâilleur pour voir qui a sonné. N'ouvrez jamais à des inconnus.
Attention aux faux policiers, aux faux pompiers, aux faux employés
de la poste, de l'EDF... Même s'ils sont en uniforme, restez méfiants.
Demandez-leur leur carte professionnelle. Gardez votre argent et vos bijoux dans une bonne
cachette ou, encore mieux, dans un coffre à la banque.

Dans la rue

Ne sortez pas seul(e) la nuit. Marchez bien au milieu du trottoir et toujours en sens inverse de la
circulation pour éviter les voleurs à moto.
Vérifiez que votre sac est bien fermé et portez-le bien serré contre vous. Ne portez pas de bijoux.
Ne payez pas de gros achats en argent liquide mais toujours en carte bancaire.
Si vous avez besoin de retirer de l'argent au distributeur, attention ! Si quelqu'un s'approche,
attendez son départ pour faire (discrètement) votre code. N'écoutez pas les gens qui vous
proposent de vous aider. Si vous devez retirer beaucoup d'argent à la banque ou à la poste,
demandez à un ami de vous accompagner. Ne donnez jamais votre adresse à un inconnu, même
s'il est aimable.

* un judas = un petit trou dans la porte qui permet de voir qui a sonné.

À votre avis, est-ce que ces conseils s'adressent...

☐ aux personnes âgées ☐ aux touristes étrangers ☐ aux jeunes étudiants qui arrivent à Paris

Justifiez votre réponse : _____

b. **Regardez ces deux images. Elles correspondent à quel conseil ?**

c. **Proposez trois autres conseils à quelqu'un qui doit partir en vacances pour un mois
(et donc quitter son appartement). Utilisez le subjonctif.**

_____

_____

_____

1 Dans le texte suivant, il y a dix subjonctifs. Soulignez-les. _____ /10

Chers parents,

Pourriez-vous vous libérer pour donner un coup de main pour la kermesse de fin d'année ou pour la sortie scolaire prévue le 17 juin prochain ?

La sortie du 17 juin
Il s'agit d'une sortie au zoo de Vallorbe et il faut que vous vous libériez pour toute la journée. Départ à 8 h 30, retour à 17 h 00.
Je vous rappelle que, selon les directives du ministère, il est indispensable qu'il y ait un adulte pour huit enfants lors des sorties scolaires. Il faudrait donc que sept parents au moins se portent volontaires. Or, nous n'en avons que trois pour l'instant.
De plus, une participation de 4 euros est demandée aux familles. Il faut que vous donniez cette somme à votre enfant et qu'il la remette à la directrice avant le 2 juin.
N'oubliez pas de prévoir un pique-nique pour votre enfant. Pas de boisson gazeuse ni de chips, s'il vous plaît !

La kermesse du 28 juin
Nous aurions besoin que huit ou dix parents nous aident pour que cette journée soit une réussite !
Il faudrait que vous aidiez à la préparation de la salle ou que vous vous chargiez d'un stand (pâtisserie, jeux, maquillage...) entre 14 h et 18 h ou enfin que vous aidiez les maîtres et les maîtresses à tout ranger à la fin de l'après-midi.

Nous vous remercions par avance.

2 a. Transformez ces phrases avec un gérondif. Attention, dans une phrase, c'est impossible. _____ /6

Il joue aux courses. Il gagne beaucoup d'argent. → *Il gagne beaucoup d'argent en jouant aux courses.*

1. Il regarde la télé et il dîne en même temps.

_____

2. Il pleut et il a oublié son parapluie.

_____

3. Il a attrapé froid. Il est sorti sans manteau.

_____

4. Il est allé à la poste. Il a rencontré Julie.

_____

5. Il a fait du ski. Il s'est cassé la jambe.

_____

6. Il a fait les courses. Il a perdu son portefeuille avec tous ses papiers.

_____

b. Quelle phrase ne peut pas être transformée avec un gérondif et pourquoi ? _____ /4

_____

_____

5. LE DISCOURS RAPPORTÉ

5.1 Le discours rapporté direct et indirect

On parle de discours rapporté quand une personne rapporte les paroles d'une autre personne ou bien ses propres paroles.

Il y a deux types de discours rapporté :

- le discours (rapporté) direct : les paroles sont rapportées, encadrées de guillemets (« ... »), comme elles ont été prononcées ; on place deux points (:) après le verbe introducteur : **dire**, **déclarer**, **répondre**, **demander**, etc.

  *Le réceptionniste **a dit :** « Le petit déjeuner est servi entre 7 h et 9 h. »*

- le discours (rapporté) indirect : Les paroles sont rapportées dans une proposition subordonnée. On ne trouve plus les signes de ponctuation comme dans le discours direct.

  *Le réceptionniste **a dit que** le petit déjeuner était servi entre 7 h et 9 h.*

Du discours direct au discours indirect

Quand on passe du discours direct au discours indirect, on fait quelques changements : on modifie les pronoms personnels, les adjectifs possessifs, les adverbes de temps et de lieu.

Discours direct	Discours indirect
*Il dit : « **Je** viend**rai** chez **vous.** »*	*Il dit qu'**il** viend**ra** chez **nous.***
*Elle dit : « **Je** ne veu**x** pas ! »*	*Elle dit qu'**elle** ne veu**t** pas.*
*Je dis : « Dépêche-**toi !** »*	*Je **te** dis de **te** dépêcher.*
Il dit : « Demain il fera beau. »	*Il dit que demain il fera beau.*
*Il m'a dit : « J'ai habité **ici** pendant dix ans. **Demain, je** déménage ».*	*Il m' dit qu'il avait habité **là** pendant dix ans et que le **lendemain il** déménageait.*

Les verbes introducteur du discours indirect sont appelés les verbes du « dire » car **dire** est le verbe de déclaration le plus commun, mais il en existe bien d'autres : **affirmer, ajouter, annoncer, apprendre, assurer, avouer, confirmer, constater, déclarer, entendre dire, expliquer, faire remarquer, informer, jurer, préciser, prévenir, promettre, raconter, répondre**, etc.

Le verbe le plus courant de l'interrogation indirecte est **demander**, mais on peut aussi utiliser d'autres verbes qui impliquent une question : **chercher à savoir, vouloir savoir...**

Questions directes	Questions indirectes
*Tu pars **quand**, Philippe ?*	*Hanane demande à Philippe **quand** il part.*
***Où** habitez-vous ?*	*Il veut savoir **où** vous habitez.*
***Combien** est-ce que ça coûte ?*	*Elle demande **combien** ça coûte.*
***Qu'est-ce que** tu achètes ?*	*Je veux savoir **ce que** tu achètes.*
***Est-ce que** vous habitez ici?*	*Je vous demande **si** vous habitez ici.*

1 Transformez les phrases du style direct au style indirect.

1. David dit : « Le groupe de touristes vient de partir. »

_____

2. Philippe avoue : « J'ai rendez-vous avec Laureen à deux heures. »

_____

3. Paul dit : « Téléphone-moi dès que tu arrives ! »

_____

4. Charlotte déclare à Simon : « Je t'aimerai toujours ! »

_____

5. Mes amis disent : « Nous ne savions pas que tu venais ! »

_____

2 Remplacez le verbe _dire_ par l'un des verbes suivants : _affirmer, apprendre, conseiller, prévenir, promettre._

1. Monica m'a dit de ne pas parler à son voisin.

_____

2. Ludovic a dit qu'il allait venir pour mon anniversaire.

_____

3. On m'a dit de faire attention aux pickpockets dans le métro.

_____

4. Elle m'a dit qu'elle avait bien téléphoné pour annuler sa commande !

_____

5. J'ai rencontré Lucas dans la rue, et il m'a dit qu'il partait vivre à l'étranger.

_____

3 Transposez le compte rendu d'interview ci-dessous au discours direct pour retrouver les paroles de l'actrice.

Marion Cotillard, dans une interview télévisée, a déclaré que lorsqu'elle avait commencé le film De rouille et d'os, elle ne connaissait pas bien le caractère du personnage. Elle a ajouté que c'était toujours un peu mystérieux pour elle mais que finalement, elle n'avait pas besoin d'en savoir plus.

5.2 La concordance des temps dans le discours indirect

Si le verbe qui introduit le discours indirect est au présent ou au futur, il n'y a pas de changement dans le temps du verbe subordonné.

« *Elle n'a pas écrit cette lettre.* » → *Il dit qu'elle n'a pas écrit cette lettre.*

Si le verbe qui introduit le discours indirect est à un temps du passé, alors il faut respecter les règles de la concordance des temps.

Discours direct	Discours indirect (verbe introducteur au passé)
Présent	Imparfait
Impératif	De + infinitif
Passé composé	Plus-que-parfait
Passé récent	**Venir** à l'imparfait + **de** + infinitif
Futur proche	**Aller** à l'imparfait + infinitif
Futur simple	Conditionnel présent (futur dans le passé)
Imparfait	Imparfait
Plus-que-parfait	Plus-que-parfait
Conditionnel	Conditionnel

Verbe de la proposition principale	Verbe de la proposition subordonnée		
	Antériorité	Simultanéité	Postériorité
Au présent *Elle dit qu'...*	Passé composé *...elle a attrapé un rhume.*	Indicatif présent *...elle est malade.*	Futur simple *...elle ne pourra pas faire sa présentation.*
Au passé composé *Elle a dit qu'...*	Plus-que-parfait *...elle avait attrapé un rhume.*	Imparfait *...elle était malade.*	Conditionnel présent *...elle ne pourrait pas faire sa présentation.*

Quand le verbe introducteur est au passé, on modifie les expressions de temps et du lieu si le contexte est situé dans le passé.

Discours direct	Discours indirect
aujourd'hui	*ce jour-là*
hier	*la veille*
demain	*le lendemain*
avant-hier	*l'avant-veille*
après demain	*le surlendemain*
dans deux jours	*deux jours plus tard*
cette semaine	*cette semaine-là*
la semaine prochaine	*la semaine suivante*
ici	*là*

maintenant   *à ce moment - là*

« *Nous avons rendez-vous ici, demain matin.* »
→ *Elle dit que nous avons rendez-vous là demain matin.* (paroles rapportées le même jour)
→ *Elle m'a rappelé que nous avions rendez-vous là demain matin.* (paroles rapportées le même jour)
→ *Elle se souvenait très bien que nous avions rendez-vous là le lendemain matin.* (paroles rapportées plus tard)

« *Je me suis marié avant-hier.* »
→ *Il m'a dit ce matin qu'il s'était marié avant-hier.* (paroles rapportées le même jour)
→ *Il a déclaré qu'il s'était marié l'avant-veille.* (paroles rapportées plus tard)

1 Complétez les phrases à l'aide des mots interrogatifs suivants.

ce que	ce qui	comment	où	pourquoi	qui	si

1. Excusez-moi : vous pouvez m'expliquer _____ aller au musée d'Orsay ?

2. J'ai oublié mes lunettes ! Lis-moi _____ est écrit en tout petit, au bas du contrat, s'il te plaît.

3. Tu pourrais me dire _____ tu ne me dis jamais bonjour ?

4. La voiture ne démarre pas mais je ne comprends pas _____ ne fonctionne pas !

5. Parle plus fort, je n'entends pas _____ tu dis !

6. Dis-moi _____ c'est vrai ou pas.

7. Tu sais _____ est passé ton frère ?

8. Savez-vous _____ _____ a écrit *L'Élégance du hérisson* ?

2 a. Transformez le récit en dialogue.

Lucie a demandé à son patron si elle pouvait prendre un jour de congé la semaine prochaine mais il lui a répondu que cela n'était pas possible. Elle a insisté mais il n'a pas cédé. Il lui a rappelé qu'elle avait déjà pris des jours le mois précédent et qu'il y avait d'autres collègues qui aimeraient bien prendre des congés et qui ne le faisaient pas. Elle n'était pas contente et a conseillé à son chef d'arrêter de lui faire la morale. Elle a affirmé qu'elle avait très bien compris avant de retourner à son poste.

Lucie : _____

b. Rapportez au passé les questions de la collègue de Lucie.

1. Combien de jours de congé est-ce que tu as déjà pris ?

_____

2. Pourquoi as-tu insisté après qu'il t'a dit que ce n'était pas possible ?

_____

3. Quel jour voulais-tu être en congé ?

_____

4. C'est indiscret mais... pourquoi voulais-tu être en congé ?

_____

5. Est-ce que tu n'as pas eu peur qu'il te renvoie pour insolence ?

_____

1 Vous êtes le directeur d'une école où ce matin…

… pendant la récréation…   Et soudain…

La gardienne de l'école, madame Gascon, vous raconte cette histoire :

« Aujourd'hui, pendant la récréation, les enfants ont joué au football dans la cour.
Tout à coup, l'un d'eux a tiré dans le ballon qui s'est envolé et a cassé une fenêtre ! Ça m'a énervée ! Je suis sortie pour les réprimander mais ils avaient tous disparu ! Pouvez-vous faire une enquête ? »

Maintenant c'est à vous de rapporter l'histoire aux élèves et de chercher les responsables.

Madame Gascon m'a raconté que, pendant la récréation, certains d'entre vous _____

_____

Elle a dit que _____

_____

Elle a ajouté que _____

_____

Elle a précisé que _____

_____

Elle m'a demandé de _____

Piste 10

2 a. Écoutez le dialogue et dites si les propositions ci-dessous sont vraies ou fausses.

		Vrai	Faux
1	*La femme cherche un emploi.*		
2	*Elle travaille dans le commerce international.*		
3	*Pour son travail, elle rencontre beaucoup de pharmaciens.*		
4	*Elle a habité au Japon.*		
5	*Elle a habité à Singapour.*		
6	*L'homme cherche un(e) délégué(e) commercial(e).*		
7	*Elle doit contacter l'homme dans deux semaines.*		

b. Écoutez le dialogue de nouveau. Reformulez ce que vous entendez en utilisant le discours indirect.

L'homme a déclaré qu'il avait été très impressionné par la qualité du CV de la candidate.

3 Vous avez reçu un message de Valérie concernant l'annonce que vous avez mise sur Internet. Rapportez-en le contenu à votre colocataire.

	_ □ X
De :	Valérie
Objet :	chambre libre dans colocation

Bonjour,

J'ai vu votre annonce et suis très intéressée mais je voudrais en savoir plus :
- Combien de pièces y a-t-il dans l'appartement ?
- Combien de personnes y vivent ?
- Est-ce qu'il y a des animaux (je suis allergique aux poils de chat) ?
- Est-ce que la chambre est meublée ?
- Est-ce qu'elle est déjà libre ?
- Quand puis-je venir la visiter ?

À très vite de vos nouvelles,

Valérie Matias (07 78 35 75 ...)

Salut ! J'ai reçu un message pour l'annonce : une fille qui s'appelle Valérie.

Elle veut savoir...

1 Dites si les affirmations ci-dessous sont vraies ou fausses. ____/10

	Vrai	Faux
1. *Le discours rapporté peut être « direct » ou « indirect ».*		
2. *Il y a toujours des guillemets pour encadrer les paroles au discours indirect.*		
3. ***Expliquer, vouloir dire, affirmer***, *etc. sont utilisés pour introduire les paroles rapportées.*		
4. *Si le verbe introducteur est au présent ou au futur, on ne change pas le temps du verbe de la phrase subordonnée.*		
5. *Un verbe à l'impératif devient **de** + infinitif au discours indirect.*		

2 Une erreur s'est glissée dans chaque phrase. Réécrivez les phrases correctement. ____/10

1. Il avait déclaré qu'il avait travaillé aujourd'hui.

_____

2. Elle dit aux élèves : « Entrez. »

_____

3. Je me demande où ai-je garé ma voiture.

_____

4. Mon chef m'a demandé comment vont vos enfants.

_____

5. Il m'a demandé quelle heure est-il.

_____

6. Dis-moi qu'est-ce que tu as fait hier.

_____

7. Elle avait dit qu'elle vient demain.

_____

8. Elle voudrait bien savoir c'est qui ton copain ?

_____

9. Expliquez-nous ce que vous est arrivé.

_____

10. Il racontait toujours qu'il a travaillé dans cette entreprise pendant trente ans.

_____

6. LA FORME PASSIVE

6.1 La forme passive (1)

La forme passive est comme la forme active « inversée » : l'objet devient sujet et le sujet devient complément d'agent (c'est la cause du processus).

Le chat mange la souris. (On focalise sur le chat).
*La souris **est mangée** par le chat.* (On focalise sur la souris).

Dans les deux cas, le processus est le même : la souris est la « victime », le patient (ici, le « mangé »), et le chat l'acteur, « l'agent », (ici, le « mangeur »).

Presque tous les verbes transitifs (qui se construisent avec un complément d'objet direct) peuvent se mettre à la forme passive.

Formation de la forme passive

Le verbe à la forme passive se conjugue toujours avec l'auxiliaire **être** (ou les verbes **sembler, paraître, rester, demeurer...**) et un participe passé.

Patrick Modiano a publié un nouveau roman.
Un nouveau roman a été publié par Patrick Modiano.

Il faut que le gouvernement prenne une décision rapide.
Il faut qu'une décision rapide soit prise par le gouvernement.

On ne doit pas confondre une vraie forme passive (dans ce cas, il y a toujours un agent responsable du processus, même s'il n'est pas toujours indiqué) et un « faux passif », un état, un résultat (dans ce cas, il n'y a pas d'agent responsable).

La maison est abandonnée.
Ici, **abandonnée** a une valeur d'adjectif : la maison est vieille, sale, abandonnée…

La maison a été abandonnée.
Ici, il s'agit d'un vrai passif. On suppose que quelqu'un a abandonné la maison.

1 Mettez ces phrases à la forme passive. Respectez le temps !

1. Après le match, une foule enthousiaste attendait les joueurs de l'équipe de France.

_____

2. Les supporters les ont accueillis avec des hurlements de joie.

_____

3. Le soir, le maire de Paris les a invités à l'Hôtel de Ville.

_____

4. Des casseurs ont brisé plusieurs vitrines sur les Champs-Élysées et ils ont volé différents objets de luxe : montres, appareils photo, etc.

_____

5. La police a arrêté une trentaine de personnes à la suite de ces incidents.

_____

6. La semaine prochaine, c'est Barcelone qui organisera le match retour.

_____

2 Dans ces phrases à la forme passive, qui est l'agent, le responsable de l'action ? Si ce n'est pas indiqué, imaginez qui cela peut être. Ou cherchez sur Internet.

1. Le nouveau maire de Nantes a été élu avec 57,8 % des suffrages.

Il a été élu par _____

2. On dit qu'un chanteur américain célèbre pourrait être décoré de la Légion d'honneur très prochainement.

Il pourrait être décoré par _____

3. Un petit tableau de Picasso a été volé cette nuit au musée de Reims.

Il a été volé par _____

4. Le vaccin contre la rage a été inventé en 1845.

Il a été inventé par _____

5. *Le Rouge et le Noir* a été écrit en 1830.

Ce livre a été écrit par _____

3 Parmi les phrases suivantes, cochez les deux qui contiennent de « faux passifs » (il n'y a pas d'agent responsable de l'action).

1. ☐ Ils sont mariés depuis deux ans.
2. ☐ La décision finale sera prise d'ici demain.
3. ☐ Une nouvelle pyramide aurait été découverte près du Caire.
4. ☐ Je crois que cet enfant est perdu.
5. ☐ C'est un acteur qui est très apprécié aux États-Unis.
6. ☐ Les quatre roues de notre voiture ont été volées la nuit dernière.

6.2 La forme passive (2)

Seul un verbe transitif direct peut se mettre au passif.

Mais certains verbes qui sont pourtant transitifs (qui sont suivis d'un complément d'objet direct) ne peuvent pas être mis à la forme passive :

• les verbes **avoir** et **posséder**.
  J'ai une belle bicyclette bleue.

• les verbes **mesurer** et **peser**.
  Elle pèse 60 kilos et elle mesure 1,75 m.

• les verbes **valoir** et **coûter**.
  Cette voiture coûte 30 000 euros.

• les verbes **durer** et **vivre** + une durée.
  Il a vécu plus de cent ans.

• les verbes **marcher** et **courir** + une distance.
  Il a couru 20 kilomètres.

> *Il a bien mesuré le studio ?*
> *Jules mesure presque deux mètres.*
> Dans le premier cas, **le studio** est vraiment un complément d'objet direct (il a mesuré quoi ? Le studio), le verbe est réellement transitif et la phrase peut être mise au passif (le studio a été mesuré avec précision par le propriétaire). Dans le second cas, la question serait : « Jules mesure combien ? » La réponse « presque deux mètres » n'est pas un vrai complément d'objet direct.

En réalité, ces verbes ne sont pas suivis d'un « vrai » complément d'objet direct mais d'un complément de temps, de mesure ou de poids, de prix. Il ne s'agit pas de verbes transitifs directs.

Le complément d'agent

Le complément d'agent, quand il est indiqué, est le plus souvent introduit par la préposition **par**.
  *La loi sur le mariage pour tous a été votée **par** le Parlement en 2013.*

Mais il peut aussi être introduit par la préposition **de** :

• avec un verbe exprimant un sentiment (**aimer**, **apprécier**, **tolérer**, **détester**, **mépriser**...).
  *Il est aimé **de** ses élèves.*

• avec un verbe exprimant le savoir, la connaissance, l'oubli (**savoir**, **connaître**, **comprendre**, **oublier**...).
  *Ce livre est connu **de** tous.*

> Dans tous les cas, on peut remplacer la préposition **de** par **par**.
> *Ce livre est connu de / par tous.*

• avec un verbe utilisé pour se situer dans le temps ou dans l'espace (**accompagner**, **entourer**, **précéder**, **suivre**...).
  *La cérémonie a été précédée **d'**une minute de silence. Elle a été suivie **d'**un dîner de gala présidé par le maire entouré **de** ses adjoints.*

D'autres manières d'exprimer le passif

Il existe d'autres manières d'exprimer le passif :

• avec un verbe pronominal.
  *Le melon **se mange** en entrée ou au dessert ?*
  *Ce roman **s'est vendu** à deux millions d'exemplaires.*

• avec un adjectif en **-able** ou en **-ible**.
  *Votre proposition est **acceptable**.*
  *Cette histoire est **incompréhensible**.*

1 Mettez ces phrases à la forme passive. Attention, dans deux phrases c'est impossible. Dans quelles phrases ? Pourquoi ?

1. La Seine a inondé plusieurs villages en Champagne.

_____

2. Ils ont vécu deux ans et demi en Californie.

_____

3. Le médecin a pesé le bébé. 4 kilos. Parfait !

_____

4. Des millions de téléspectateurs ont suivi le match Angleterre-Pays de Galles.

_____

5. L'entreprise RAX pourrait licencier près de cent personnes en septembre.

_____

6. Ce manteau durera au moins dix ans !

_____

2 Choisissez un verbe et mettez-le à la forme passive. Attention au temps.

envoyer   trouver   couper   prier   avertir   parvenir

DERNIER AVIS

Votre compteur d'électricité _____ à partir du 1er octobre prochain si vous ne payez pas votre facture avant le 30 septembre. Vous _____ par nos services à deux reprises (un premier courrier vous _____ le 15 juillet et un second le 18 août) mais aucune réponse de votre part ne nous _____ .

Nous vous rappelons que si vous rencontrez des difficultés pour régler cette facture, des solutions peuvent _____ . Si vous êtes dans ce cas, vous _____ de vous adresser au 01 45 66 75 88.

3 Mettez 3 de ces phrases à la forme passive (quand c'est possible !).

Chronologie de la loi sur le mariage pour tous

12 février 2013 : L'Assemblée nationale adopte la loi après des semaines de très vives discussions.
24 mars : Les « anti-mariage pour tous » organisent des manifestations. La police arrête une trentaine de manifestants.
12 avril : Le Sénat vote la loi.
12-17 avril : Les opposants à la loi protestent tous les jours devant l'Assemblée nationale.
17 avril : Retour de la loi devant l'Assemblée nationale. Les députés adversaires et partisans de la loi échangent des insultes et des menaces.
23 avril : L'Assemblée nationale vote la loi (330 pour / 225 contre). Les opposants à la loi déposent un recours devant le Conseil constitutionnel.
17 mai : Le Conseil constitutionnel valide la loi.
18 mai : Le président de la République promulgue la loi.

1 Dans ces phrases, soulignez les verbes à la forme passive.

1. Notre nouvelle collection est présentée dans nos salons à partir du 15 mars.

2. Il a été reçu au bac avec mention.

3. Il est venu me voir hier soir.

4. Nous avons été très bien accueillis.

5. La rivière a débordé : toutes les caves ont été inondées.

6. Le président était accompagné de plusieurs ministres.

7. Cette question n'a pas encore été réglée ?

8. Votre canapé vous sera livré le 18 de ce mois entre 9 h et 12 h. Merci d'être présent.

2 Complétez avec le complément d'agent qui convient.

1. Le jeune champion a été porté en triomphe _____

2. Ce château célèbre est entouré _____

3. La séance a été ouverte _____

4. Cette œuvre n'est pas très connue _____

5. L'accident a été provoqué _____

6. Quelle chance ! Mon trousseau de clés a été retrouvé dans la rue

_____

7. Cette boîte de nuit a été fermée pour tapage nocturne _____

8. Ce poème célèbre a été écrit _____

A. de jardins magnifiques.

B. par Baudelaire.

C. par la police.

D. par ses supporters en délire.

E. du grand public.

F. par un automobiliste qui roulait en sens interdit.

G. par un passant.

H. par le président du Sénat.

3 Mettez ces phrases à la forme active.

1. Désolés ! Nos amis à quatre pattes ne sont pas acceptés dans notre magasin.

_____

2. Cette émission sera rediffusée par RFI le mercredi 12 mai à 20 h.

_____

3. Le public a été enthousiasmé par ce film.

_____

4. Les automobilistes ont été surpris par les chutes de neige.

_____

5. La mort de ce chanteur a été annoncée à la radio ce matin.

_____

6. Tous ses admirateurs ont été bouleversés par cette nouvelle.

_____

4 Soulignez tous les verbes à la forme passive.

Nouveau vol de bijoux lors du Festival de Cannes

Un collier de diamants d'une valeur de 2 millions d'euros a disparu au cours d'une soirée de prestige au cap d'Antibes. Il s'agit d'un collier en or avec des diamants et des émeraudes. Ce vol a été commis mardi 21 dans la soirée.

On sait que chaque année, le Festival de Cannes attire les voleurs. Mais cette année, c'est une série noire ! En effet, la semaine dernière, plusieurs bijoux Chopard, estimés à 1,4 million de dollars (1 million d'euros), avaient été dérobés dans un coffre d'hôtel à Cannes. Rappelons que la Palme d'Or est fabriquée par ce célèbre joaillier.

Au moins trois hommes sont activement recherchés par la police dans le cadre de cette première affaire, des personnes « *vraisemblablement spécialisées dans ce genre de vol* », selon la police judiciaire de Nice qui a été chargée de l'enquête.

Et au début de cette semaine, un magnat de l'industrie cinématographique chinoise a annoncé qu'il avait été victime, lui aussi, d'un vol important. Il a raconté que la porte de son appartement avait été forcée et que différents objets de valeur avaient été subtilisés.

(adapté du Monde du 23/05/2013)

5 Développez ces titres de journaux avec une phrase à la forme passive.

1 Incroyable ! Retrouvée saine et sauve après 48 h dans la neige !

Madame Joséphine N., 86 ans, qui avait disparu de sa maison de retraite de Colmar, dans le Haut-Rhin,

....

2 Organisation du premier vol habité vers Mars dès 2025 ?

La NASA a déclaré ....

3 Annulation de l'épreuve de mathématiques au concours de l' EHESS

L'épreuve de mathématiques ....

4 Découverte d'un texte inédit de Victor Hugo dans un grenier à l'île de Guernesey

Un texte inédit de Victor Hugo ....

5 Arrestation mouvementée du roi de la cavale, Hector Marin, en fuite depuis six mois.

Hector Marin qui s'était échappé de la prison de Nîmes il y a six mois, ...

....

1 Dites si les affirmations ci-dessous sont vraies ou fausses. _____ /10

	Vrai	Faux
1. *Tous les verbes transitifs peuvent être mis à la forme passive.*		
2. *Dans la forme passive, il y a toujours un « agent », un responsable de l'action, même s'il n'est pas exprimé.*		
3. *Le complément d'agent est toujours introduit par* **par**.		
4. *Quelquefois, un verbe pronominal peut avoir un sens passif.*		
5. *La forme passive = auxiliaire* **être** *+ infinitif*		

2 Quelle phrase n'est pas à la forme passive ? _____ /2

1. ☐ Le PSG a été battu par quatre buts à trois.

2. ☐ Toutes les fenêtres sont ouvertes.

3. ☐ Ce roman est considéré comme un chef-d'œuvre.

4. ☐ Nous avons été invités à son anniversaire.

3 Dans ces deux phrases, il n'y a pas de complément d'agent exprimé. Pourquoi ? _____ /4

1. Max Denis a été condamné à trois ans de prison dont deux avec sursis.

_____

2. À la fin de la pièce, les acteurs ont été chaleureusement applaudis.

_____

4 À votre avis, pourquoi est-ce qu'on dit plus souvent « une vieille femme a été renversée par une voiture » plutôt que « une voiture a renversé une vieille femme » (mais les deux formes sont correctes) ? _____ /2

_____

_____

_____

5 Dans l'une de ces phrases, on peut remplacer *par* par *de*. Laquelle ? _____ /2

1. ☐ L'interdiction de fumer dans tous les lieux publics a été décidée **par** le gouvernement en 2007.

2. ☐ La date de la mort de Louis XVI n'est pas connue **par** tous les élèves français.

3. ☐ Deux tableaux de Renoir ont été achetés **par** un collectionneur américain qui préfère rester anonyme.

4. ☐ Un cambrioleur malchanceux a été surpris en pleine nuit **par** le locataire, ceinture noire de judo.

7. LES DIFFÉRENTS TYPES DE PHRASES

7.1 La phrase interrogative (1)

On pose une question pour avoir une information, pour demander un service ou une aide, pour demander quelque chose poliment, pour faire une suggestion...

On distingue la phrase interrogative totale et la phrase interrogative partielle.

La phrase interrogative totale

L'interrogation totale porte sur toute la phrase. Les réponses attendues sont : **oui, non, peut-être, je ne sais pas...**

On exprime l'interrogation totale de trois façons :

• par intonation.
• avec **est-ce que... ?**
• par inversion du sujet.

À l'oral

C'est surtout l'intonation qui marque l'interrogation.
> *Tu viens avec nous ?*

Pour marquer l'insistance, on peut ajouter des mots ou locutions.
> *Tu viens, **oui ou non** ?*
> *Tu viendras, **hein** ?*

Mais on utilise aussi très souvent **est-ce que... ?**
> ***Est-ce que** tu viens avec nous ?*

Pour poser une question poliment, on inverse souvent le sujet et le verbe.
> ***Pouvez-vous** m'aider, s'il vous plaît ?*

À l'écrit

Dans un registre familier, on garde quelquefois l'ordre habituel des mots dans la phrase (sujet, verbe, compléments) et on ajoute un point d'interrogation.
> *L'examen a commencé ?*

On utilise aussi, assez souvent, **est-ce que.**
> ***Est-ce que** l'examen a commencé ?*

Dans un registre soutenu, on inverse le sujet et le verbe.
> ***Désirez-vous** profiter de tous les avantages du Fitness Club ?*

L'interrogation par inversion présente quelques particularités :

• avec les verbes pronominaux : le pronom réfléchi est avant le verbe.
> ***Vous** regardez-vous dans la glace tous les jours ?*

• s'il y a un pronom (direct, indirect, **en, y**) celui-ci est avant le verbe.
> ***Le** connaissez-vous ?*

• à la première personne, l'interrogation par inversion est rare. On la rencontre surtout avec **être, avoir, devoir.**
> ***Suis-je** en retard ?*
> ***Ai-je** le temps ou non ?*

> « Peux-je » n'existe pas.
> On dit : **Puis-je.**
> *Puis-je vous aider ?*

> Pour des raisons euphoniques, il faut quelquefois insérer un **t** pour éviter le contact entre deux voyelles.
> *A-**t**-elle des frères et sœurs ?*

1 Écoutez et indiquez ce que les phrases expriment. À chaque phrase correspond une intention de communication ou un sentiment.

	1	2	3	4	5	6	7	8
La colère								
Une demande d'information à un(e) ami(e)								
Un doute / une demande de confirmation								
L'impatience								
Une proposition polie, aimable								
Une demande d'information polie / à un inconnu								
Une proposition / une invitation								
Une prière / une supplication								

2 Écoutez la réponse et trouvez une question possible.

1. _____

2. _____

3. _____

4. _____

5. _____

6. _____

3 Passez du registre familier au registre soutenu comme dans l'exemple.

Nous sommes bientôt arrivés ? → *Sommes-nous bientôt arrivés ?*

1. Il est encore malade ? → _____

2. Vous êtes content de vos résultats ? → _____

3. Vous leur avez expliqué la situation ? → _____

4. Mais vous, finalement, cette loi, vous y êtes favorable ? → _____

5. J'ai reçu du thé vert de Chine. Il est excellent. Vous en voulez ? → _____

6. Alors, il est enfin arrivé ? → _____

7. Je dois faire comment pour aller à la gare de l'Est ? → _____

8. On va où ce soir ? → _____

9. On pourra utiliser un dictionnaire le jour de l'examen ? → _____

10. Ést-ce que le cours a fini plus tôt aujourd'hui ? → _____

7.2 La phrase interrogative (2)

La phrase interrogative partielle

Avec l'interrogation partielle, comme avec l'interrogation totale, il existe trois manières de poser la question :

• par intonation.

• avec **est-ce que... ?**

• par inversion du sujet.

L'interrogation porte sur une partie ou un aspect de la phrase. Elle peut porter sur :

• le sujet. On utilisera les formes interrogatives : **qui**, **lequel / laquelle / lesquels / lesquelles...**
  Qui est venu ?
  Lequel de vous a dit oui ?

• le complément d'objet direct. On utilisera les formes : **qui** (pour les personnes), **que** (pour les choses), **lequel / laquelle / lesquels / lesquelles, quel / quelle / quels /quelles** (pour les personnes et les choses).
  Qui as-tu rencontré ? (en français familier : *Tu as rencontré qui ?*)
  Que voulez-vous ? (en français familier : *Vous voulez quoi ?*)
  Parmi tes copains lequel préfères-tu ? (en français familier : *Lequel tu préfères ?*)
  Quel film as-tu vu ? (en français familier : *Tu as vu quel film hier ?*)

• le complément d'objet indirect. On utilisera les formes **à qui**, **à quoi**, **auquel / à laquelle / auxquels / auxquelles, de qui, de quoi, duquel / de laquelle / desquels / desquelles, à quel / à quelle / à quels / à quelles, de quel / de quelle / de quels / de quelles**.
  À qui ressemblez-vous ?
  À quoi pensez-vous ?
  Vous pensez à quel acteur ?
  De quoi parlez-vous ?
  De quel livre parlez-vous ?

• les circonstances (le temps, le lieu, la quantité, le moyen, la manière, la cause) : **quand**, **où**, **combien, comment, pourquoi**.

*Il arrivera **quand** ?*	***Quand** est-ce qu'il arrivera ?*	***Quand** arrivera-t-il ?*
*Vous allez **où** ?*	***Où** est-ce que vous allez ?*	***Où** allez-vous ?*
*Ça coûte **combien** ?*	***Combien** est-ce que ça coûte ?*	***Combien** est-ce ?*
***Comment** je peux faire ?*	***Comment** est-ce que je peux faire ?*	***Comment** puis-je faire ?*
*Elle va **comment** ?*	***Comment** est-ce qu'elle va ?*	***Comment** va-t-elle ?*
***Pourquoi** tu pleures ?*	***Pourquoi** est-ce que tu pleures ?*	***Pourquoi** pleures-tu ?*

Avec **pourquoi**, on peut inverser un pronom sujet et un verbe mais c'est impossible avec un nom sujet et un verbe.
  Pourquoi pleures-tu ?
  Pourquoi le bébé pleure-t-il ?
  ~~Pourquoi pleure le bébé ?~~

1 **Entourez la forme correcte.**

1. Il y a deux hôtesses d'accueil. *Auquel / auxquels / à laquelle* dois-je m'adresser ?

2. *Desquels / desquelles* tu veux parler ? Des noirs ou des bleus ?

3. *Quel / quelle / quels / quelles* sont vos actrices préférées ?

4. *Quel / quelle / quels / quelles* temps fait-il à Casablanca aujourd'hui ?

5. Attends une minute ! *De quel / de quelle / de quels / de quelles* fille tu parles ?

6. *À quel / à quelle / à quels / à quelles* difficultés faites-vous allusion ?

2 **Passez de l'interrogation familière (par intonation) à l'interrogation plus soutenue (inversion du sujet).**

Tu es qui, toi ? → *Qui es-tu ?*

1. Tu vas où comme ça, toute seule ? → _____

2. Tu reviens quand ? → _____

3. À quelle heure on arrive ? → _____

4. Pourquoi il se plaint toujours de tout ? → _____

5. Le voyage est bien. Mais il coûtera combien ? → _____

6. Et ta sœur, elle ressemble à qui ? → _____

3 **Reliez.**

1. Lequel tu préfères ? Paolo ou Kent ?   A. Seize euros tout rond.

2. On prend lesquelles ?   B. Dans un petit quart d'heure.

3. Combien ça fait en tout ?   C. C'est facile : Dijon, Lyon, Marseille...

4. À quoi tu penses ?   D. Aucun des deux, je n'aime ni l'un ni l'autre.

5. Quand arrive-t-il ?   E. Celles à quatre euros, elles sont moins chères.

6. Comment vous portez-vous ?   F. Un peu mieux, je vous remercie.

7. Par où va-t-on passer ?   G. Un ancien copain de la fac.

8. Qui est-ce ?   H. À rien. J'étais dans la lune.

4 **Voici Kimberley Glorieux. Sera-t-elle la prochaine Miss France ? Elle en rêve... Posez-lui cinq questions.**

1. _____

2. _____

3. _____

4. _____

5. _____

7.3 La phrase négative (1)

La négation totale

La forme complète de la négation totale est **ne... pas...**
> – *Il est bien, ce film ?*
> – *Non, il **n'**est **pas** intéressant.*

Devant une voyelle ou un **h** muet, **ne** devient **n'**.
> *Il **n'**habite **pas** là.*

Lorsqu'ils se trouvent dans une phrase négative avec **ne... pas**, **ne... plus**, etc., l'article indéfini (**un**, **une**, **des**) et l'article partitif (**du**, **de la**, **des**) sont habituellement réduits à **de** (ou **d'**).
> *Il **n'**a pas **de** chance.*

Souvent, la négation peut être très courte : **non**, **pas du tout** ou **pas** + pronom tonique ou adverbe.
> – *Vous parlez russe ?*
> – ***Non. / Pas du tout. / Non, pas du tout.***
>
> – *J'ai froid. **Pas toi** ?*
> – *Non, **pas moi**.*
>
> – *On sort ?*
> – ***Pas maintenant**. Plus tard.*

Pour coordonner deux ou plusieurs noms, pronoms, adjectifs ou adverbes, on utilise : **ne... ni.... ni...**
> *Il **n'**aime **ni** le foot **ni** le rugby.*
> *Mes résultats **ne** sont **ni** bons **ni** mauvais, ils sont moyens.*
> *Elle **n'**est **ni** en haut **ni** en bas. Elle est dehors.*

Les principales négations partielles (ou relatives)

- **ne... rien / rien ne...**
  > – *Qu'est-ce qu'il aime dans la vie ?*
  > – *Il **n'**aime **rien**. **Rien ne** lui convient.*

- **ne... personne / personne ne...**
  > – *Qui tu connais dans ce quartier ?*
  > – *(Je **ne** connais) **personne**. **Personne ne** me connaît.*

- **ne... plus**
  > – *Il fume encore ?*
  > – *Non, il **ne** fume **plus**.*

- **ne... jamais / jamais ne...**
  > – *Tu vas souvent au théâtre ?*
  > – *Non, (je **n'**y vais) **jamais**.*

- **ne... pas encore**
  > – *Le docteur est là ?*
  > – *Non, (il **n'**est) **pas encore** là mais il va arriver.*

- **ne... aucun(e)...**
  > *Il **n'**a **aucun** ami à Marseille.*

- **ne... nulle part**
  > *On **ne** va **nulle part** cet été. On reste à Montréal.*

> Très souvent, en français familier et surtout à l'oral, le **ne** disparaît. Mais en français soutenu, ne l'oubliez pas, surtout à l'écrit !

> **Rien** (pour les choses) et **personne** (pour les personnes) peuvent être sujets ou compléments.

> **Ne... que** exprime la restriction.
> *Il **n'**a **que** seize ans.* = *Il a seulement seize ans.*

1 **Reliez.**

1. Bonjour, vous avez du courrier pour moi ?

2. Tu crois qu'elle dit la vérité ?

3. Qu'est-ce que tu aimes ? Le bleu ? Le vert ?

4. Regarde s'il y a quelqu'un.

5. Ça y est ? Vous êtes mariés ?

6. Tu veux quelque chose ?

7. Tu ne fumes plus ?

8. Tu vas à la piscine ?

A. Ni l'un ni l'autre, je n'aime que le noir.

B. Non. J'ai arrêté il y a un mois.

C. Non, merci, je n'ai besoin de rien.

D. Je n'y vais jamais, j'ai horreur de ça.

E. Désolé, il n'y a rien pour vous.

F. Non, pas encore. Le 25.

G. Non, il n'y a personne.

H. Oui. Elle ne ment jamais.

2 **Associez une question à la réponse qui correspond.**

1. Tu es déjà allé en Amérique du Sud ? → ☐

2. Tu l'as déjà dit à quelqu'un ? → ☐

3. Alors, ça y est ? Tu as déménagé ? → ☐

4. Qui tu préfères ? Kevin ou Vincent ? → ☐

5. Un café ? Un thé ? Un jus d'orange ? → ☐

6. Tu n'aimes pas le rap. Et ta copine ? → ☐

A. Moi ? Non, jamais !

B. Elle non plus.

C. Non, pas encore mais bientôt.

D. Non, rien du tout !

E. Tu es folle ! Non, à personne !

F. Ni l'un ni l'autre, je te promets.

3 **Complétez avec la négation qui convient.**

– Bonjour, alors qu'est-ce qui ne va _____ ?

– Tout ! _____ ne va ! Avant, je dormais

comme un bébé et maintenant, je ne dors _____ ,

je ne m'intéresse à _____ , tout m'ennuie.

En un mot, je ne suis _____ en forme !

– Bon. Je vois ça. Et chez vous ? Le mari ? Les enfants ?

– _____ ne m'aide, je dois tout faire à la

maison. Mon mari ne me donne _____ un

coup de main, _____ pour la vaisselle

_____ pour le ménage. _____ il ne m'offre une fleur, un parfum. Même _____

le jour de mon anniversaire ! Avant, il me disait des mots gentils. Maintenant, il ne me dit _____ de

mots d'amour. C'est terrible ! Et mes enfants...

– Bon, eh bien, c'est une bonne petite dépression nerveuse. Ça peut arriver à tout le monde. Ne vous inquiétez

_____ ! Je vais vous prescrire un bon petit tranquillisant et tout ira mieux d'ici quelques jours.

7.4 La phrase négative (2)

La place de la négation

• avec un temps simple ou à l'impératif.

Temps simple	*Je ne bois*	*pas.*
Impératif	*Ne bois*	*jamais.* *rien.* *aucun alcool.* *plus.*

Attention à la place de **personne**, **aucun** et **nulle part**.

Je	*ne*	*connais*	*personne.*
Je	*ne*	*connais*	*aucun voisin.*
Je	*ne*	*vais*	*nulle part.*

• avec un temps composé.

Tu	*n'*	*as*	*pas*	*compris ?*

Attention à la place de **personne**, **aucun** et **nulle part**.

On	*n'*	*a*	*rencontré*	*personne.*

• avec un semi-auxiliaire à un temps simple + infinitif.

Elle	*ne*	*sait*	*rien*	*faire.*

Attention à la place de **personne**, **aucun** et **nulle part**.

Elle	*ne*	*veut*	*faire*	*aucun effort.*

• avec un semi-auxiliaire à un temps composé + infinitif.

Il	*n'*	*aurait*	*pas*	*dû*	*venir.*

Attention à la place de **personne**, **aucun** et **nulle part**.

Elle	*n'*	*a*	*pu*	*aller*	*nulle part.*

• avec un infinitif (présent ou passé).

Je	*préfère*	*ne rien*	*dire.*

Attention à la place de **personne**, **aucun** et **nulle part**.

Je	*regrette de*	*n'*	*avoir rencontré*	*aucun copain.*

S'il y a plusieurs négations dans la même phrase

• **Pas** ne peut jamais se combiner avec une autre négation.
Il ne connaît pas personne. → *Il ne connaît personne.*

• **Rien**, **personne** et **nulle part** sont toujours en dernière position.
*Il ne veut plus jamais voir **personne** !*

• On peut dire **plus jamais** ou **jamais plus**.
*Je ne te dirai **plus jamais** rien. / Je ne te dirai **jamais plus** rien.*

1 Mettez ces phrases dans l'ordre.

1. Pourquoi - jouer - ne - avec - moi - personne - veut - jamais ?

_____

2. Nous - jamais - ne - plus - sommes - en Italie - retournés

_____

ou bien _____

3. Il - à personne - a - plus - rien - dit - n' - jamais

_____

ou bien _____

2 Insérez ces fragments dans le texte.

Quand l'homme est arrivé dans la petite ville de Mauléon,
il faisait nuit noire. [ ] : les gens étaient chez eux, tranquilles
devant la télé.

Il a vu un café ouvert. Il a demandé s'il pouvait manger quelque
chose. Impossible. [ ] Il terminait son service à neuf heures.
L'homme a dit qu'il se contenterait d'un sandwich. [ ] Même pas
un œuf dur !

Il a pris un café [ ] et il est reparti dans la nuit. Il a vu deux autres
cafés mais ils étaient fermés. [ ] Il s'est promis [ ]

1. Rien à manger nulle part !

2. Il n'y avait plus rien du tout.

3. ... puisqu'il n'y avait rien d'autre,

4. Il n'y avait personne dans les rues.

5. ... de ne plus jamais revenir à Mauléon.

6. Le cuisinier n'était plus là.

3 Transformez comme dans l'exemple.

Ne pleure pas ! → Je lui ai dit _de ne pas pleurer._

1. Ne traverse pas la rue tout seul. → Je t'ai dit cent fois _____

_____

2. Allez, du calme ! Ne vous fâchez pas ! → Il a dit à l'autre automobiliste _____

_____

3. Ne reste pas au soleil ! → Elle a demandé à sa fille _____

_____

4. Ne vous inquiétez pas, tout va bien se passer. → Le chirurgien a dit au malade _____

_____

5. Ne vous disputez pas sans arrêt ! → Elle a supplié les enfants _____

_____

7.5 L'interrogation et la négation

Qui est-ce qui... / Qu'est-ce qui .... / Qui est-ce que.... / Qu'est-ce que....

Il est très important de ne pas confondre **qui** et **que**. On peut utiliser les deux pour parler de quelqu'un ou de quelque chose mais **qui** remplace toujours un sujet et **que** remplace toujours un complément d'objet direct.

> **Qui est-ce qui** *vient dîner ce soir ? = Qui vient dîner ?*
> **Qui est-ce que** *tu as invité ? = Tu as invité qui ?*
> **Qu'est-ce qui** *a brûlé ? Un appartement ? = Un appartement a brûlé ?*
> **Qu'est-ce que** *tu fais pour les vacances ? = Tu fais quoi ?*

L'interrogation indirecte

Au discours rapporté, pour reprendre une forme interrogative totale, on utilise **si** ou **s'** devant **il(s)** + l'ordre normal des mots.

> *Pierre est-il venu ce matin ?* → *Dis-moi **si** Pierre est venu ce matin.*
> *Il est anglais ou non ?* → *Je voudrais savoir **s'il** est anglais ou non.*

Au discours rapporté, il faut faire attention :

- à l'ordre des mots : le mot interrogatif + le sujet + le verbe.
> *Comment t'appelles-tu ?* → *Dis comment tu t'appelles.*
> *Où habitez-vous ?* → *Je peux savoir où vous habitez ?*

- aux modifications. **Qu'est-ce qui** devient **ce qui** et **qu'est-ce que** devient **ce que**.
> *Qu'est-ce qui se passe ?* → *Je ne sais pas **ce qui** se passe.*
> *Qu'est-ce que tu fais ?* → *Dis-moi **ce que** tu fais.*

La forme interro-négative

Si la question est à la forme négative, deux réponses sont possibles :

- réponse positive : **si**.
> – *Vous **n'**habitez **pas** à Bordeaux ?*
> – **Si***. (= Vous vous trompez, j'habite à Bordeaux.)*

- réponse négative : **non**.
> – *Vous **n'**habitez **pas** à Bordeaux ?*
> – **Non***. (= C'est vrai, je n'habite pas à Bordeaux.)*

La forme interro-négative est souvent utilisée pour demander une confirmation. Elle peut être renforcée par **n'est-ce pas**.

> *Vous **n'**habitez **pas** à Bordeaux, **n'est-ce pas** ?*

On utilise parfois la forme interro-négative pour proposer, suggérer ou demander quelque chose poliment, avec diplomatie.

> **Ne** *faudrait-il **pas** demander le chemin à quelqu'un ?*
> **Ne** *voulez-vous **pas** vous asseoir une minute ?*

Les doubles négations

Si on emploie deux négations dans une même phrase, celles-ci lui donne un sens affirmatif.

> *Je **n'**ai **pas** dit que je **ne** voulais **pas**. = Je veux bien.*

1 Complétez avec :

| Qui est-ce qui | Qui est-ce que | Qu'est-ce qui | Qu'est-ce que |

1. _____ vous est arrivé ? Un accident ?

2. _____ a téléphoné ce matin ?

3. _____ vous pensez de cette situation ?

4. _____ tu as rencontré ce matin ? Paul Martin, comme d'habitude ?

2 Transformez au discours rapporté.

« – Bonjour, madame. Je peux vous déranger une minute ? Vous aimez l'Italie ? Et le café italien, vous l'aimez aussi ? Est-ce que vous connaissez les machines à café Vivitalia ? Elles font un café merveilleux. Exactement comme en Italie. Vous voulez goûter ? Une petite tasse ? C'est gratuit. »

Ce matin, au marché, il y avait un homme qui vendait des machines à café. Il m'a demandé _____

_____ .

Je ne connaissais pas cette marque. Alors, il m'a demandé _____

_____ .

J'ai accepté et son café était vraiment délicieux !

3 Parmi ces phrases, cochez celle qui n'est pas négative.

1. ☐ Vous ne pouvez pas ne pas être d'accord !

2. ☐ Je n'ai jamais mangé de champignons. Et vous ?

3. ☐ Elle ne s'inquiète jamais pour rien, tu le sais bien.

4. ☐ Jamais de ma vie je n'ai su faire des économies !

4 Dites la même chose à la forme affirmative comme dans l'exemple.

Il n'a jamais été inactif. → *Il a toujours été actif.*

1. Ce n'est pas du tout impossible. → _____

2. Elle n'est vraiment pas maladroite. → _____ _____

3. Un bon conseil, ce n'est jamais inutile. → _____

4. Ce n'est pas interdit. → _____

5. Il n'est pas mécontent de lui. → _____

On fait le point !

1 a. Madame Martin a assisté à un hold-up place de la Bourse. Un policier l'interroge. Voici les réponses. Proposez les questions.

– Bonjour madame. _____ ?

– Marthe Martin.

– _____ ?

– Oui, tout près. Là, juste à côté. 13 rue de la Banque.

– _____ ?

– Tout ! J'ai tout vu. Tout !

– _____ ?

– Midi pile. Les douze coups de midi sonnaient à l'église, là.

– _____ ?

– Moi ? J'étais juste en face. Je sortais de la boulangerie. Mon mari adore les gâteaux. Alors, le dimanche…

– D'accord, d'accord ! _____ ?

– Bon alors, voilà. Ils sont sortis de la banque en tirant des coups de feu en l'air. J'ai eu une peur bleue. Et vous savez, mon médecin dit toujours que…

– D'accord, d'accord. _____ ?

– Ils étaient comme vous et moi. Normaux. A peu près grands comme vous. Un brun et un blond.

– _____ ?

– Non, pas de masque. Mais ils avaient des lunettes de soleil et un chapeau.

– _____ ?

– Eh bien, après… Une voiture les attendait, ils sont entrés dedans et pfuitttt…

– _____ ?

– Oui, une Peugeot 408. Mon fils a la même. Mais celle-là était blanche.

– _____ ?

– Non. Ils sont partis trop vite. Et puis j'avais peur. Ça commençait par CW, je crois. Ou CX.

– Merci madame.

b. Madame Martin raconte tout à son mari. Reprenez les questions du policier au discours rapporté. Attention à la concordance des temps.

Oh là là ! Donne-moi vite un cachet pour mon cœur ! Il y a eu un hold-up à la BNP place de la Bourse. Deux gangsters. J'ai tout vu ! Tiens, voici tes gâteaux. Oui, j'ai tout vu et la police m'a interrogée. Un jeune pas très poli. Il voulait tout savoir.

Il m'a demandé _____ , _____

_____

_____ .

Et puis, il voulait savoir _____

tous les deux et _____

_____ . J'avais vu la voiture. Tu penses, c'est la

même que celle de Charlie. Alors, il m'a demandé _____

mais tu penses bien que je n'avais pas eu le temps de le relever, le numéro !

2 Imaginez un contexte pour ces phrases.

Merci, personne ne m'a jamais rien offert d'aussi joli.

Contexte possible : *Un homme remercie sa femme pour la cravate qu'elle vient de lui offrir pour son anniversaire.*

Ou une mère remercie son petit garçon pour le dessin qu'il a fait pour elle.

1. C'est fini. Je ne lui ferai plus jamais confiance !

Contexte possible : _____

_____

2. Non, je préfère ne rien leur dire pour le moment. Ils sont trop petits. Plus tard, peut-être.

Contexte possible : _____

_____

3. D'accord, si tu veux. Il fait très beau et je n'y suis pas encore allé cette année.

Contexte possible : _____

_____

4. Nous n'y sommes plus jamais retournés. À notre âge, c'est trop loin et trop fatigant.

Contexte possible : _____

_____

1 Complétez avec *quel(le)*, *qui est-ce qui*, *qui est-ce que*, *qu'est-ce qui*, *qu'est-ce que*.   ____ /5
Utilisez une fois chaque forme.

1. _____ train tu prendras dimanche ?

2. _____ tu penses de mon idée ?

3. _____ vient m'aider ? Toi, Eric ?

4. _____ vous avez rencontré à Londres ?

5. _____ s'est passé pendant que je n'étais pas là ?

2 Reprenez ces deux phrases au discours rapporté.   ____ /2

1. « Est-ce que tu as pensé à prendre du café ? »

→Elle a demandé à sa fille _____

2. « Qu'est-ce que tu as fait hier soir »

→Ce matin, Marianne m'a demandé _____

3 Ces phrases sont en français familier. Reprenez-les en français soutenu, avec l'inversion
du sujet.   ____ /6

1. Et votre ami ? Il viendra avec nous ? → _____

2. Je ne vois pas Lisa. Elle est où ? → _____

3. Qu'est-ce qui se passe ? → _____

4 Vrai ou faux ?   ____ /5

	Vrai	Faux
1. *On ne peut pas utiliser **pas** avec une autre négation.*		
2. *Je peux dire **jamais plus** ou **plus jamais**.*		
3. ***Personne** et **rien** peuvent être sujets.*		
4. ***Il n'est pas encore là** a le même sens que **il n'est plus là**.*		
5. *Je ne peux pas ne pas vous le dire. = Je ne vous le dirai pas.*		

5 Lisez ces deux phrases et choisissez la phrase de même sens.   ____ /2

1. Ah, je suis désolé mais vous savez, le docteur n'est pas toujours à l'heure !

☐ Il est souvent en retard.   ☐ On l'attend, il sera là tout à l'heure.   ☐ Il ne vient pas aujourd'hui.

2. C'est la troisième fois que j'appelle. Le docteur n'est toujours pas là ?

☐ Il n'est jamais là ?   ☐ Il n'est pas encore arrivé ?   ☐ Il ne viendra plus ?

8. LES MOTS INVARIABLES

8.1 Les prépositions (1)

La préposition est un mot invariable (**à**, **avec**, **dans**, **de**, **en**, **sous**, **par**...) ou un groupe de mots invariables (**jusqu'à**, **près de**, **autour de**, **grâce à**...) qui se place devant un nom, un pronom, un verbe à l'infinitif.

La préposition peut servir à introduire un complément de lieu, un complément de verbe, un complément d'adjectif, bref, elle sert de liaison syntaxique et sémantique entre deux mots.

Une même préposition peut introduire des compléments différents :
> *En juillet, je suis partie en Allemagne en avion.*

La préposition permet d'exprimer des relations d(e) :

Localisation	Ordre	*devant, derrière, après*	*Il est arrivé **après** les autres.*
	Lieu	*dans, en, à, chez, sous, au-dessous de, près de*	*Les bijoux sont **dans** leur coffre.* *J'habite **chez** des amis.* *Viens t'asseoir **près de** moi !*
	Direction	*à, vers*	*Elle se dirige **vers** la sortie.*
	Destination	*pour, jusqu'à*	*Tu dois courir **jusqu'à** la ligne blanche.*
	Origine	*de, du*	*C'est un poème **de** Neruda.* *Nous venons **du** Chili.*
	Passage	*par*	*Le voleur est passé **par** la fenêtre.*
Temporalité	Moment plus ou moins précis dans le temps	*à, au, en, vers, avant, après, jusqu'à*	*Le dîner sera servi **à** 20 h.* *Je suis rentré à la maison **vers** 23 h.* *Elle l'a attendu **jusqu'à** 11 h.*
	Moment à venir	*dans*	*Je reviendrai **dans** trois jours.*
	Durée	*en, pendant, depuis, pour*	*J'ai mangé **en** dix minutes !* *Elle s'absente **pour** trois jours.*
Cause		*par, de, à cause de, en raison de*	*Il a claqué la porte **de** colère.*
But		*pour, à*	*Je fais du yoga **pour** me détendre.*
Manière		*en, avec, par, à*	*Je tombe souvent **par** maladresse.*
Matière		*en, de*	*Une cuillère **en** argent.*
Possession		*de, à*	*C'est la voiture **de** mon frère. Elle est **à** lui.*
Relation		*de, à, envers*	*Il agit bizarrement **envers** moi.*
Absence, privation		*sans, sauf*	*Une histoire **sans** intérêt.* *Tous le monde est invité **sauf** moi !*
Condition		*à moins de, à condition de*	*Tu peux sortir **à condition de** rentrer avant onze heures.*
Opposition		*contre, malgré*	*Malgré vos arguments, je vote **contre** ce projet.*
Accompagnement		*avec*	*Louise se promène **avec** sa sœur.*
Approbation		*pour*	*Êtes-vous **pour** la grève ?*
Répartition		*par*	*Il y a trois crêpes **par** personne.*

1 Choisissez la préposition qui convient. Certains mots peuvent être utilisés deux fois.

après   avant   en   dans   depuis   pendant   pour

1. Il a traversé l'océan Atlantique _____ trois mois.

2. Ma cousine va faire un stage _____ les vacances.

3. Le randonneur a atteint le campement _____ le coucher du soleil.

4. _____ 1998, Marc a couru le marathon de New York.

5. _____ dix ans, je serai marié et j'habiterai à Hong Kong.

6. Demain, les voisins partent en vacances _____ une semaine.

7. Eliott apprend à lire _____ septembre.

8. _____ l'heure, c'est pas l'heure ; _____ l'heure, c'est plus l'heure !

2 Complétez en utilisant les prépositions *à, de* ou *d'*.

1. Avec tout ce bruit, je n'arrive pas _____ entendre ce que tu dis.

2. Isabelle est ravie : elle a réussi _____ convaincre Michèle !

3. Son patron a refusé _____ l'augmenter.

4. Arrête _____ te moquer de moi !

5. Fanny se plaint _____ avoir mal à la tête.

6. Son grand-père accepte _____ accompagner les enfants au musée.

7. Caroline a décidé _____ changer de vie.

8. Les ouvriers n'ont pas fini _____ déjeuner.

3 Choisissez la préposition qui convient. Certains mots peuvent être utilisés deux fois.

avec   entre   dans   de   vers   par   parmi   pour   sur

1. J'aime regarder les gens _____ la fenêtre _____ ma chambre.

2. Le bus 57 se dirige _____ la porte de Montreuil.

3. Ton ami est venu _____ te parler.

4. Je trouve qu'Alvin Ailey dansait _____ grâce.

5. Julien est parti acheter du pain _____ ton père.

6. Mon cœur balance _____ Vanessa et Carla.

7. Tes parents seront _____ les invités du cocktail.

8. La voiture sera garée _____ la rue et ton frère t'attendra _____ le trottoir.

8.2 Les prépositions (2)

Les valeurs des prépositions *à*, *de* et *en*

Le complément qui suit exprime une idée… :

Préposition		
à / au	de lieu	*Je suis **à** Paris.*
	de temps	*J'ai rendez-vous **à** huit heures. **À** jeudi !*
	de distance	*Le métro ? C'est **à** trois cents mètres.*
	de manière	*Marcher **à** pas de loup*
	de moyen de déplacement	*Je me déplace **à** vélo.*
	de comparaison	*Être supérieur(e) / inférieur(e)/ égal(e) **à***
	de gradation	*Peu **à** peu*
	d'usage appropié	*Une assiette **à** soupe*
	de définition, caractérisation	*Une glace **à** la vanille*
de / du	de provenance	*Je viens **de** Bogota.*
	d'origine, de point de départ	***De** chez moi à l'école, il y a deux cents mètres.*
	de possession	*La voiture **de** sa sœur*
	de matière	*Une pièce **d'**or*
	de cause	*Être tordu **de** rire*
	de manière	*Sourire **d'**un air ironique*
	de quantité, de contenu	*Un kilo **de** sucre*
	de catégorie	*Une table **de** travail*
	de caractérisation	*Une femme **de** lettres*
en	du lieu où l'on se trouve	*J'habite **en** Allemagne.*
	du lieu où l'on se rend	*Demain, je pars en vacances **en** Colombie.*
	de transport	*Je voyage toujours **en** avion.*
	de temps	*La tour Eiffel a été construite **en** 1889.*
	de matière	*C'est une chemise **en** coton ou **en** lin ?*
	de style vestimentaire	*Être **en** pyjama*
	d'état physique ou moral	*Être **en** colère*

Avant et *devant*

On utilise le plus souvent **avant** pour situer dans le temps et **devant** pour situer dans l'espace.

*J'ai beaucoup révisé **avant** les examens.*
*Il y a un arbre **devant** sa maison.*

Sur et *dans*

Sur exprime une idée de contact tandis que **dans** exprime une idée de lieu et d'intériorité.

*Je m'assieds **sur** un banc.*
*Je suis dans **ma** chambre.*

Quand il s'agit d'espace, on opposera les espace ouverts (**sur**) : *je marche **sur** la route, **sur** le boulevard, **sur** l'avenue…* aux espaces fermés (**dans**) : *je suis **dans** l'allée, **dans** la rue…*

1 Complétez en utilisant la préposition qui convient.

| à | avec | de / d' | en | sur |

1. Ma tante m'a souvent parlé _____ sa rencontre avec le président Senghor.

2. À l'école je parle _____ français, mais à la maison je parle _____ grec.

3. J'ai vu Beth dans la rue : elle discutait _____ madame Benoît.

4. Ce livre devrait plaire _____ Barbara.

5. Xavier a changé _____ avis au dernier moment.

6. Barbara, mets ton manteau : tu trembles _____ froid.

7. Mélanie s'est mariée _____ un enseignant.

8. Anne compte _____ la vente de ses tableaux pour payer les avocats.

9. Il ressemble _____ son père.

10. Ma chambre d'hôtel est très jolie et elle donne _____ un grand jardin.

11. Mon fils se fait facilement des copains : il s'entend bien _____ tout le monde.

12. Sabrina s'intéresse beaucoup _____ la politique.

2 Complétez en utilisant la préposition *à* (*au*) ou *en*.

L'année dernière, je suis allé _____ Japon. J'ai passé deux semaines _____ Tokyo et quatre jours _____ Kyoto. Là, je reviens d'Afrique : J'étais _____ Algérie. _____ Mostaganem, tu connais ? Cet été, j'irai _____ Normandie puis _____ Provence, _____ Arles.

3 Complétez en utilisant la préposition qui convient.

| à | chez | de | dans | à condition de | devant | en | pour |

1. Ce livre est _____ François. Ce n'est pas celui _____ Thomas. Il a oublié son livre _____ lui. Je veux bien lui prêter le mien _____ bien y faire attention.

2. Mes parents viennent de partir _____ Lyon tôt ce matin. Normalement ils voyagent _____ train, mais cette fois ils ont pris la voiture. Je les ai aidés _____ mettre les valises _____ le coffre. La voiture était garée _____ la rue, _____ la maison.

8.3 Les adverbes (1)

Un adverbe est un mot invariable qui modifie et précise le sens d'un adjectif, d'un autre adverbe, d'un verbe ou d'une phrase.

Il existe diverses formes d'adverbe :

• la forme simple.
  bien, mal, là, mieux, moins, plus, tard, tôt, très, trop...

• la forme composée.
  bientôt, longtemps, autrefois, toujours, tout à fait...

• la forme dérivée. On ajoute la terminaison **-ment** à la forme féminine de l'adjectif.
  lente → lentement ; grande → grandement ; exacte → exactement

On utilise la forme masculine de l'adjectif si celui-ci se termine par **-ai, -é, -i, -u**.
  vrai → vraiment ; aisé → aisément ; joli → joliment ; résolu → résolument

> Mais :
> *bref, brève → brièvement ;*
> *gentil, gentille → gentiment ;*
> *gai → gaiement*

Avec les adjectifs qui se terminent par **-ent** (sauf **lent**) ou **-ant**, l'adverbe se termine par **-emment** ou **-amment** et dans les deux cas, on entend **ament** [amã].
  évident → évidemment [evidamã] *; méchant → méchamment* [meʃamã]

Emploi et place de l'adverbe

Quand l'adverbe précise le sens d'un adjectif ou d'un autre adverbe, il est alors placé devant ces mots.
  *Cette nouvelle ligne de métro est **très** pratique !*
  *Tu joues **vraiment** bien de la guitare !*

Quand l'adverbe modifie le sens d'un verbe, il est souvent placé après le verbe.
  *Mon père voyage **régulièrement** pour son travail.*
  *Quand il était en pension, mon oncle ne voyait **jamais** ses parents.*
  *Il aime **bien** se promener avec toi.* (**Bien** est placé après le verbe conjugué.)

L'adverbe se place entre l'auxiliaire et le verbe conjugué aux temps composés (passé composé, plus-que-parfait, futur antérieur) quand il est court (**assez**, **bien**, **beaucoup**, **bientôt**, **déjà**, **toujours**, **mal**, **mieux**, **presque**, **trop**).
  *J'ai **bien** mangé, merci !*

> Si **peut-être**, **sans doute**, **ainsi** ou **à peine** sont placés en début de phrase, il faut alors inverser le verbe et le sujet :
> *Peut-être Marie viendra-t-elle ce soir.*

Si l'adverbe a plus de deux syllabes (**doucement**, **énergiquement**, etc.) il peut se placer après le participe passé.
  *Il avait répondu **agressivement** à son collègue.*

Le sens de l'adverbe peut changer en fonction de sa place.
  ***Finalement**, la police est arrivée.* = C'est l'arrivée de la police qui a mis fin à l'événement.
  *La police est finalement **arrivée** !* = Il y a une nuance de reproche dans cette phrase, on a attendu longtemps la police qui est arrivée tard.

1 Complétez le tableau.

Adjectif masculin	Adjectif féminin	Adverbe
sérieux		
actif		
	vive	
franc		
facile		
premier		
	complète	
		ouvertement

2 Formez l'adverbe à partir de l'adjectif.

évident	*évidemment*	gentil	
bruyant		joli	
conscient		modéré	
courant		patient	
fréquent		suffisant	
gai		violent	

3 Placez l'adverbe entre parenthèses dans la phrase.

1. Mes parents font leurs courses dans ce supermarché. (souvent)

   _____

2. J'aime ce tableau de Picasso. (beaucoup)

   _____

3. Est-ce qu'on peut rentrer à la maison ? (enfin)

   _____

4. Je comprends vos arguments. (bien)

   _____

5. Le train part. (déjà)

   _____

6. La machine à café fonctionne. (mieux)

   _____

7. Je mange des gâteaux quand je suis en vacances. (trop)

   _____

8.4 Les adverbes (2)

Les adverbes expriment :

- **la quantité et l'intensité : assez, aussi, autant, beaucoup, complètement, davantage, moins, pas assez, pas bien, pas mal, peu, un peu, plus, tant, tout, très, trop, si, tellement.**
  *J'aime **beaucoup** les fraises ! J'aime **tellement** ça que j'en mange **trop** !*

- **la manière : bien, ensemble, exprès, mal, mieux, pire, plutôt, vite.**
  *Il danse **plutôt bien** : je suis sûr qu'il n'a pas fait **exprès** de te marcher sur les pieds !*

- **la conséquence : ainsi, alors, par conséquent.**
  *Il avait froid, **alors** il a mis son gilet.*

- **le lieu : ailleurs, arrière, autour, dedans, dehors, derrière, dessus, dessous, devant, nulle part, partout, près, loin, sur, ici, là, là-bas.**
  – Est-ce que tu as retrouvé ton portable ?
  *– Non, pourtant je l'ai cherché **partout** !*

> On emploi **ici** et **là** quand on veut différencier deux endroits :
> *Le studio n'est pas grand mais il est bien agencé : **ici** c'est le coin salon et **là** c'est le coin repas.*

- **le temps :**
  – la localisation temporelle : **alors, aujourd'hui, aussitôt, avant, bientôt, déjà, demain, depuis, encore, hier, longtemps, maintenant, quand, soudain, tard, tôt, tout de suite.**
  ***Aussitôt** qu'il arrivera, je lui donnerai son cadeau.*

  – la fréquence : **toujours, parfois, quelquefois, souvent.**
  *Avant il arrivait **parfois** en retard, maintenant c'est **souvent** !*

  – la succession : **d'abord, après, avant, enfin, ensuite, puis.**
  ***D'abord** on mange un morceau, **ensuite** on va acheter des chaussures, d'accord ?*

Parfois, un adjectif est employé comme un adverbe. Il est alors invariable.
*Les boucles d'oreille que tu aimes bien coûtent **cher**.*
*Ces fleurs sentent **bon**.*

Tout / toute / toutes

On l'a vu, les adverbes sont invariables… sauf **tout** (au sens de complètement, entièrement). **Tout** s'accorde (en genre et en nombre) devant un mot féminin.
*– Son appartement est **tout** petit. Et la cuisine ? Elle est **toute** petite aussi !*
*– C'est la même chose pour les chambres, elles sont aussi **toutes** petites !*

*Est-ce que tu as lu le **tout** dernier livre de Michel Tremblay ?*

> *Je t'aime. = Je suis amoureux de toi.*
> *Je t'aime beaucoup. = Tu es un(e) bon(ne) ami(e).*
> *Je t'aime bien. = Tu es sympathique.*

1 Complétez avec des adverbes de quantité et d'intensité.

> assez   beaucoup   bien   complètement   davantage   tellement   très   trop   plus

1. Cet hiver, il y avait _____ de neige et pas _____ de personnel.

2. – Avez-vous _____ mangé ? Il reste du gratin, en voulez-vous un peu ?

   – Non, merci, c'était _____ bon, mais je ne peux _____ rien avaler !

3. La côte est dangereuse : quand la mer est haute, les rochers sont _____ cachés.

4. – J'aime _____ ce pull, mais celui-ci me plaît _____ !

   – Tu as raison, il est _____ _____ joli.

2 Complétez avec *très* ou *trop*.

1. Clémence cuisine _____ bien. Elle faisait _____ bien les tartes aux fraises, mais ne veut

   plus en préparer. Elle dit qu'elle en a _____ fait !

2. Les jeunes disent souvent « c'est _____ bien » ou « c'est _____ cool ! » au lieu de « c'est _____

   bien » ou « c'est _____ cool ».

3. – Tiens, je te donne cent euros pour te rembourser les billets de train.

   – Mais, c'est beaucoup _____ !

3 Complétez avec *un peu* ou *peu*.

1. Je mange _____ le midi ; je n'ai jamais très faim.

2. Est-ce que tu as travaillé _____ ce matin ?

3. J'achète toujours _____ de tout quand je fais les courses.

4. Paul dort _____ en ce moment : il est _____ stressé à cause de son travail.

5. Je suis fatigué, j'ai _____ dormi hier soir.

4 Complétez avec des adverbes de lieu.

> ailleurs   loin   n'importe où   partout

– Où sont Brent et David ?

– Ils n'aimaient pas trop l'ambiance de ce bar, alors ils sont partis _____.

– Mais ils ne connaissent pas la ville ! Ils vont aller _____. Je vais les chercher, ils ne doivent pas être

_____.

– Ce n'est pas grave ! Tu sais, ils s'amuseront _____.

– Je ne suis pas rassurée, le danger est _____.

On fait le point !

Piste 13

1 Complétez les items ci-dessous avec une préposition puis écoutez le dialogue et vérifiez vos réponses.

1. Le Bazar _____ l'Hôtel _____ Ville

2. Un moule _____ gâteau

3. Une cuillère _____ bois

4. Un saladier _____ terre

5. Des tasses _____ thé

6. Une théière _____ porcelaine _____ Limoges

7. Un couteau _____ beurre

8. Un rouleau _____ pâtisserie

9. Un livre _____ cuisine

10. Des ustensiles _____ cuisine

11. Un pull _____ cachemire

12. Une cravate _____ soie _____ Laurent

13. Une chemise _____ lin

14. Jeter l'argent _____ les fenêtres

15. J'ai téléphoné _____ mon banquier.

16. Je compte _____ toi _____ m'aider _____ porter tout ça.

17. (…) on aura terminé _____ 18h30.

18. J'ai rendez-vous _____ un café _____ Viviana _____ 19 h.

19. Un verre _____ vin

20. Tu veux te joindre _____ nous ?

21. _____ plaisir !

Piste 14

2 Écoutez la description d'une photo de Ludovic parmi ses amis. Identifiez la place de chacun.

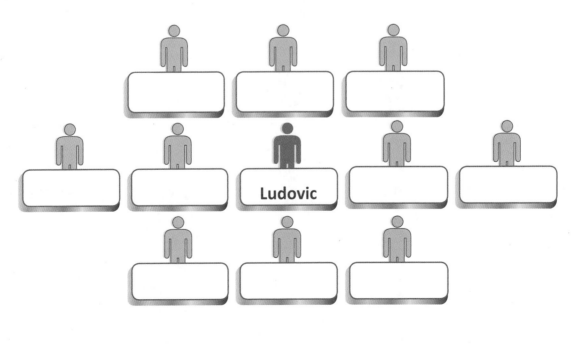

3 Formez un adverbe à partir de chaque adjectif et utilisez-le dans une phrase de votre invention.

1. gentil → _____

2. réel → _____

3. odieux → _____

4. visible → _____

5. bref → _____

6. classique → _____

7. sérieux → _____

8. naïf → _____

9. poli → _____

10. grave → _____

1 Dites si les affirmations ci-dessous sont vraies ou fausses. ____ /8

	Vrai	Faux
1. *Les prépositions les plus courantes sont **à** et **de**.*		
2. ***De** = endroit d'où l'on vient et **à** = endroit où l'on est.*		
3. *On dit : **je suis dans la rue** et **je suis sur le trottoir**.*		
4. *Dire **je t'aime beaucoup** est plus fort que dire **je t'aime**.*		
5. *Une même préposition peut introduire des compléments différents.*		
6. *Les adverbes s'accordent en genre et en nombre.*		
7. *L'adverbe de **gai** est **gaiement**.*		
8. *L'adverbe se place toujours entre le verbe et le participe passé.*		

2 Complétez le poème de Paul Verlaine (1844-1896) avec les prépositions **dans, de, par, pour, sans** et **sur**. ____ /6

Il pleure _____ mon cœur

Comme il pleut _____ la ville ;

Quelle est cette langueur

Qui pénètre mon cœur ?

Ô bruit doux _____ la pluie

_____ terre et _____ les toits !

_____ un cœur qui s'ennuie,

Ô le chant _____ la pluie !

Il pleure _____ raison

Dans ce cœur qui s'écœure.

Quoi ! Nulle trahison ?...

Ce deuil est _____ raison.

C'est bien la pire peine

De ne savoir pourquoi

_____ amour et _____ haine

Mon cœur a tant _____ peine !

Portrait de Paul Verlaine
par Gustave Courbet

3 Complétez les phrases avec une préposition. ____ /6

1. Nadine est arrivée _____ retard _____ son cours.

2. Mariam, qui est iranienne, parle farsi _____ ses enfants.

3. Sonia est _____ colère _____ Estelle.

4. Valérie a confiance _____ elle.

5. Je pars en vacances _____ me reposer.

6. Nous espérons que vous réfléchirez _____ cette proposition et que vous penserez _____ ses avantages.

9. SE SITUER DANS LE TEMPS
ET DANS L'ESPACE

9.1 Se situer dans le temps (1)

Rapport de simultanéité

en même temps	*Christine et moi, nous avons appris le turc **en même temps**.*
au même moment	*Il y a eu un éclair et **au même moment** il y a eu une coupure de courant.*
simultanément	*Les téléphones portables de Yoann et de Marianne ont sonné **simultanément**.*
quand + indicatif présent ou imparfait	*J'écoutais souvent de la musique **quand j'étudiais**.* (action habituelle)
quand + passé composé	*Elle a souri **quand elle a vu** son visage.* (action momentanée)
quand + indicatif futur	*Je te téléphonerai **quand je serai** à l'hôtel.*
lorsque + indicatif	*Il est sorti **lorsqu'il a entendu** des cris.*
le jour où + indicatif	*L'aéroport était en grève **le jour où nous sommes partis** pour la Thaïlande !*
au moment où	*Je t'ai vu **au moment où** tu sortais de la bibliothèque.*
chaque fois que	***Chaque fois que** je vois ce film, je pleure.*
pendant que	*Je suis allé à la boulangerie **pendant que** tu prenais ta douche.*
aussi longtemps que / tant que	*Vous pouvez garder le livre **aussi longtemps que** vous le désirez.* *Tu seras en sécurité **tant que** tu resteras chez moi.*
le gérondif	*Il s'est cassé la jambe **en jouant** au football.*
petit à petit / au fur et à mesure (que)	***Petit à petit**, l'oiseau fait son nid.* *Son bonheur grandissait **au fur et à mesure que** les jours passaient.*

Rapport d'antériorité

avant	***Avant**, j'avais des lunettes.*
avant de + infinitif	*N'oubliez pas d'éteindre **avant de partir**.*
avant que + subjonctif	*Je passerai te dire au revoir **avant que tu (ne) partes**.*
en attendant + nom	*Elle téléphone à ses parents **en attendant l'arrivée** du train.*
en attendant de + infinitif	*Elle téléphone à ses parents **en attendant de partir**.*
en attendant que + subjonctif	***En attendant que** le repas **soit** prêt, on pourrait regarder les photos du mariage.*

Rapport de postériorité

après + nom	***Après la pluie**, le beau temps.*
après / une fois que + indicatif	*Je te laisserai **après /une fois que tu m'auras dit** la vérité.*
après + infinitif passé	***Après avoir quitté** mes amis, je suis allé boire un café.*
aussitôt que + indicatif	*Il préviendra la police **aussitôt qu'il sera** au courant.*
dès que + indicatif	*Il préviendra la police **dès qu'il sera** au courant.*
dès + nom	*Demain, **dès l'aube**, à l'heure où blanchit la campagne, je partirai. (V. Hugo)*
durée + *plus tard*	***Deux jours plus tard**, elle était encore là.*

Après que doit normalement être suivi de l'indicatif, cependant, on entend souvent **après que** + subjonctif.

1 L'action de la phrase principale est-elle simultanée, antérieure ou postérieure à celle de la subordonnée ?

	Simultanée	Antérieure	Postérieure
1. Avant de passer à table, je me lave les mains.			
2. Après avoir dansé toute la nuit, elle est rentrée chez elle.			
3. Ils ont mangé une glace en attendant que le film commence.			
4. Chaque fois qu'il va chez sa sœur, il mange trop.			
5. Le jour où je t'ai rencontrée, tu portais une robe bleue.			
6. Je voudrais te parler avant que tu (ne) rencontres mes parents.			
7. Il pourra jouer une fois qu'il aura terminé ses devoirs.			
8. Il ne faut pas téléphoner en conduisant.			

2 Reliez.

1. Les uns feront de la musique
2. Il fait du vélo
3. Dès que les travaux seront terminés,
4. Il viendra
5. Chaque fois que je passe dans cette rue,
6. Pendant que tu feras les courses

A. je pense à toi.
B. lorsque je l'appellerai.
C. j'irai à la pharmacie.
D. pendant que les autres iront à la piscine.
E. en écoutant de la musique.
F. ils pourront s'installer dans leur nouvel appartement.

3 Complétez les phrases avec :

avant   avant de   avant que / qu'

1. Téléphonez-moi _____ passer à l'agence.

2. Vous devriez connaître la vérité _____ il ne soit trop tard.

3. Maria saura conduire _____ la fin de l'été.

4. Nous serons heureux de vous revoir _____ prendre l'avion.

5. Elle est sortie du cinéma _____ la fin du film.

6. _____ tu ne t'en serves, ma voiture roulait très bien.

4 Conjuguez les verbes entre parenthèses.

1. Tu as mal aux dents ? Tu devrais aller chez le dentiste avant que la douleur _____ (devenir) insupportable.

2. Je suis restée au bureau jusqu'à ce que je _____ (se rendre compte) que tout le monde était parti !

3. Tu resteras dans ta chambre jusqu'à ce que tu _____ (connaître) ce poème par cœur.

4. Elle n'a pas pleuré après _____ (quitter) son copain.

5. Restez dans le magasin en attendant que la pluie _____ (cesser).

9.2 Se situer dans le temps (2)

Rapport de durée

Pour exprimer une durée limitée, qui a un début et une fin :

en	*Elle a fait les courses **en** trente minutes !*
dans	*Le livreur repassera **dans** deux heures.*
jusqu'à / jusqu'en	*Elise est venue déjeuner et elle est restée **jusqu'à** 18 heures !* *Alexandre est en stage **jusqu'en** septembre.*
pendant* + durée	*Je me suis promené **pendant deux heures**.*
pendant + nom représentant une durée	***Pendant les vacances**, j'ai beaucoup lu.*
pour	*Les étudiants sont en France **pour** trois semaines.*
mettre + durée + à / pour + infinitif	*Elle **a mis dix ans à écrire** ce livre ; mais quel chef-d'œuvre !* *Nous **avons mis deux heures pour venir**.*
prendre + durée	*Les vendeuses **ont pris dix minutes** de pause.*
en avoir pour + durée	*On s'arrête à la boulangerie ? **J'en ai pour deux minutes** !*

*Devant une durée chiffrée, **pendant** est facultatif.
> *Je l'ai attendu **deux heures**.*

Pour indiquer le début d'une action qui n'est pas arrivée à son terme ; une durée ouverte :

cela / ça fait + durée + que + présent / passé composé	***Cela fait trois ans que j'ai quitté** mon pays.* ***Ça fait trois ans que j'habite** au Pérou.*
il y a + durée + que + présent / passé composé	***Il y a cinq ans que j'apprends** l'espagnol.*
depuis + durée / moment précis	*J'habite au Pérou **depuis cinq ans**.* *J'habite au Pérou **depuis mon mariage**.*
depuis + que	*Il est triste **depuis que** vous êtes parties.*

> **Il y a... que** et **ça fait... que** sont toujours en début de phrase.

Rapport de répétition et de fréquence

La répétition d'une action s'exprime grâce aux expressions suivantes :
chaque jour, tous les jours, tous les deux jours, deux fois par jour, souvent, tout le temps, à nouveau, de temps en temps, encore, habituellement, parfois, rarement.
> *Les enfants vont à l'école **tous les jours**.*
> *Notre chien mange **deux fois par jour**.*
> *Elle est **encore** en retard !*
> *Il est **souvent** malade.*
> *Mes parents avaient **rarement** de la visite.*
> *La voiture fonctionne bien, mais, **de temps en temps**, j'entends un bruit bizarre...*
> *Léo retrouve **habituellement** ses amis pour jouer au foot après les cours.*

> **Un jour, un matin, un soir, un an** → expriment une unité de temps ponctuel que l'on peut compter.
> **Une journée, une matinée, une soirée, une année** → expriment une idée de durée.
> *Il a 20 ans ; il aime sortir **le soir**.*
> *Il y a quelques années, j'ai passé **une soirée** très agréable chez ton frère.*

Rapport de succession

Pour connecter des événements qui se suivent dans le temps, on peut indiquer l'ordre successif de leur réalisation : **d'abord, ensuite, puis, après, enfin, finalement, premièrement, deuxièmement, troisièmement, finalement, pour commencer, ensuite, pour conclure, en conclusion.**

1 Complétez les phrases avec :

`dans`   `jusqu'à`   `pendant`   `en`   `pour`

1. Vous recevrez votre commande jeudi, _____ trois jours.

2. Ils s'appellent tous les soirs _____ des heures.

3. Vous avez fait l'aller-retour _____ vingt-quatre heures ?

4. Elle est en Turquie _____ trois mois, ensuite elle ira en Bulgarie où elle restera _____ la fin de l'année.

5. Elle a appris sa chorégraphie _____ deux heures.

6. J'ai habité à Madrid _____ un an.

7. L'école est fermée _____ la rentrée.

8. Excusez-moi, je dois terminer ce travail : j'en ai _____ vingt minutes au maximum. Je vous rejoins _____ une demi-heure ?

9. J'appellerai _____ la soirée pour prendre de tes nouvelles.

2 Complétez les phrases avec :

`dès`   `depuis`   `il y a`   `ça fait`   `ça faisait`

1. _____ trois ans, j'ai passé l'été à Berlin. _____ longtemps que j'avais envie d'y habiter. _____ mon arrivée, j'ai pris des cours d'allemand et _____ cet été-là, je continue d'étudier la langue.

2. Le chat regarde par la fenêtre _____ dix minutes. _____ des années qu'il a pris l'habitude d'observer les passants.

3. _____ mon retour de vacances, je tousse et j'ai mal à la tête ; _____ demain, j'irai chez le médecin.

4. – _____ combien de temps ta fille fait de la gymnastique ?

   – Euh, elle en fait _____ le mois de septembre, nous sommes en mars… elle a donc commencé _____ sept mois ; oui c'est _____ sept mois qu'elle en fait.

3 Entourez la réponse correcte.

1. Merci Gaëtan ! Grâce à toi j'ai passé *un super soir / une super soirée*.

2. Demain, j'ai des examens *tout le jour / toute la journée*.

3. J'ai rendez-vous chez le médecin jeudi dans *le matin / la matinée* mais je ne me souviens plus de l'heure exacte.

4. Une fois *par an / année,* l'école organise un grand spectacle avec les enfants.

5. – Tu passes me voir en début de *soir / soirée* ?

   – Non, désolé, *ce soir / cette soirée*, c'est impossible !

9.3 Se situer dans l'espace

Pour indiquer une position

assis(e), couché(e), allongé(e), levé(e), debout, penché(e)…	*Lucie travaille **allongée** sur son lit.* *Le prof est **debout** pour faire le cours.*

Pour indiquer une position relative

à l'intérieur / à l'extérieur	*Il fait beau aujourd'hui ! Je mets la table **à l'intérieur** ou **à l'extérieur** ?*
au bord de	*Tu viens te promener **au bord de** la mer ?*
au bout de	*La chambre est **au bout du** couloir.*
à côté de	*En cours, je suis souvent assise **à côté de** ma meilleure amie.*
au-dessus / au-dessous (de)	*Tu cherches un appartement ? Le studio **au-dessus du** mien est libre.*
au fond de	*Ma bague est **au fond de** la piscine. Plonge et va la chercher !*
au milieu / au centre de	*Il y a une fontaine **au centre de** la place.*
autour (de)	*Il y a une barrière de sécurité **autour de** la piscine.*
à l'avant / à l'arrière	*Dans la scène la plus célèbre du film* Titanic, *Kate et Leo sont **à l'avant** du bateau.*
dedans / dehors	*Cette valise est bien lourde : je me demande ce qu'il y a **dedans** !*

Pour indiquer une orientation ou une direction

- Les points cardinaux : **le nord**, **l'est**, **le sud**, **l'ouest**.

- Des adverbes : **ici**, **là**, **là-bas**, **en face**, **derrière**, **devant**, **tout droit**, **à droite**, **à gauche**, **au fond**, **au centre**…
  – *Excusez-moi, où est la station de métro la plus proche, s'il vous plaît ?*
  – *Je vais vous montrer comment y aller sur le plan qui est **derrière** vous : bon, nous sommes **ici**, vous voyez ? Et **là**, c'est la station de métro Passy. Pour y aller, il faut prendre la première rue **à droite**, puis tourner **à gauche** et enfin marcher **tout droit**. Je connais bien le quartier : je travaille juste **en face** !*

- Des prépositions : **à**, **chez**, **dans**, **devant**, **derrière**, **en**, **entre**, **loin de**, **par**, **pour**, **près de**, **sous**, **sur**…
  *Est-ce que tu connais Bayeux ? C'est une ville **en** Normandie, pas très **loin des** plages de la Manche. On y trouve une magnifique cathédrale gothique. Il y a aussi **près de** ce monument un musée qui expose la tapisserie de la Reine Mathilde. Je vais **chez** mes parents qui habitent **dans** la région, tu m'accompagnes ?*

- Des verbes de déplacement : **entrer**, **rentrer**, **aller**, **venir**, **retourner**, **revenir**, **amener**, **apporter**, **emmener**, **emporter**, **(s')approcher de**, **s'éloigner de**…
  *Défense d'**entrer**.*
  *Tu **rentres** chez toi à pied ou en bus ?*
  *Où **vas**-tu? Tu **vas** à l'université ?*
  *Tu peux **venir** chez moi ce soir ?*
  *Il **est retourné** vivre chez ses parents.*
  *Ne pleure pas. Je **pars** mais je **reviens** bientôt !*
  *Tu peux **amener** tes amis à la fête si tu veux.*
  *On **emporte** un pique-nique ou on ira déjeuner dans un restaurant ?*
  *Ne vous **approchez pas** de ce chien. Il est dangereux !*

1 Décrivez en quelques lignes la photo ci-dessous. Utilisez les prépositions, les adverbes, etc. que vous connaissez.

Sur cette photo on voit...

2 Écoutez la description de la photo ci-dessous et relevez les 4 erreurs.

Piste 15

1. _____

_____

2. _____

_____

3. _____

_____

4. _____

_____

3 Complétez les phrases en employant l'un des verbes de déplacement suivants : *aller, amener, apporter, emmener, approcher, revenir.*

1. Votre train part à 5 heures ? Ne vous inquiétez pas : je vais vous _____ à la gare.

2. Un dîner chez toi ? Ce soir ? Avec plaisir ! Qu'est-ce que je peux _____ ? Une bouteille de vin ?

   Des fruits ? Au fait, mon frère passe quelques jours chez moi, je peux l'_____ ?

3. Tu peux _____ te promener sur la falaise avec tes cousins mais ne t'_____

   pas du bord, hein !

4. Pour la randonnée, chacun doit _____ son repas.

5. Mon plat est délicieux ! J'adore ce restaurant ! On _____ y dîner bientôt, j'espère !

1 **Complétez avec** *depuis, en, dans, il y a, ça fait, ça fera, ça faisait, jusqu'à, pendant, pour.*

1. Je connais Marina _____ trois ans mais _____ longtemps que je ne l'ai pas vue. En fait, je ne l'ai pas vue _____ notre séjour à la montagne, _____ quatre mois.

2. J'ai vécu _____ des années en Belgique ; j'habite en France _____ cinq ans.

3. Les deux sœurs ne se parlent plus _____ l'été 2012.

4. _____ déjà six mois que Viviana est partie vivre à New York ! Je suis triste _____ son départ.

5. Marie-Madeleine est allée à Montréal _____ mars. _____ deux ans qu'elle n'y était pas retournée.

6. Béatrice a accouché il y a deux semaines, son père viendra lui rendre visite _____ quelques jours.

7. Mes voisins partent _____ quelques jours. Ils m'ont demandé de m'occuper de leur chat _____ leur absence.

8. _____ huit ans, j'ai quitté mon pays _____ toujours.

9. Tu n'as rien fait _____ deux heures de travail ? _____ plusieurs fois que je te préviens : tu vas devoir rester _____ la fermeture de la médiathèque !

10. _____ un mois, _____ cinq ans que nous vivons ensemble. On va fêter ça !

2 **Conjuguez les verbes aux temps qui conviennent : présent, passé composé, imparfait.**

1. Je _____ (ne pas jouer) au tennis depuis des années.

2. Il y a longtemps qu'il _____ (partir).

3. Depuis qu'elle habite à la campagne, elle _____ (ne plus voir) ses amis de fac.

4. La dernière fois que je _____ (arriver) en retard ? Euh, c'était il y a deux jours…

5. Chaque jour, les enfants _____ (faire) la sieste pendant deux heures.

6. Avant, j'étais fumeur mais je _____ (ne plus fumer) depuis cinq ans. C'est vrai : je _____ (ne pas fumer) une seule cigarette en cinq ans !

7. Elle _____ (ne plus travailler) depuis qu'elle est tombée de cheval.

8. Quand elle était jeune, elle _____ (passer) tous les étés chez sa grand-mère.

3 **Complétez les phrases à l'aide de** *avant, au bout de, au fond de, à côté de, autour de, au-dessous de.*

1. J'ai retrouvé mon téléphone : il était _____ mon sac de sport !

2. J'habite au premier étage ; _____ chez moi, au rez-de-chaussée, il y a une agence de voyage.

3. L'anthropologue observe les gens _____ lui.

4. L'araignée se balance _____ son fil.

5. La boutique de ses parents se trouve _____ la rue, _____ un hôtel.

6. L'immeuble où il habite est juste _____ le cinéma en venant de chez ta sœur, tu vois ?

4 Lisez le texte et mettez les indications de temps à leur place. Puis écoutez le document et vérifiez vos réponses.

1. Deux mois plus tard   2. À partir du   3. Dès le lendemain   4. Deux jours plus tard

5. cinq mois plus tôt   6. deux semaines

1815 : Napoléon est vaincu et les Anglais rendent à la France ses colonies africaines. Le 17 juin 1816, quatre navires (*L'Argus, L'Écho, La Loire et La Méduse*) reprennent possession du Sénégal au nom du roi Louis XVIII.

Le 1er juillet, le capitaine de *La Méduse*, bon royaliste mais mauvais marin, décide de prendre une route plus courte mais dangereuse à cause des bancs de sable. Les autres navires suivent la route normale.

[   ], le 2 juillet, *La Méduse* s'échoue sur un banc de sable près de la Mauritanie. On construit un radeau et on oblige des dizaines de soldats à y monter. On leur dit qu'il y a de l'eau et de quoi manger. C'est faux : il n'y a sur le radeau qu'un peu d'eau et du vin. Les autres passagers du

Naufrage de la frégate La Méduse de Jean-Jérôme Baugean

navire s'embarquent dans des canots de sauvetage. Le capitaine abandonne son navire alors qu'il n'a pas coulé. Pour un marin, c'est un crime.

Le 3 juillet : la mer est mauvaise, la chaleur est terrible ; le radeau est petit et il a 152 passagers. [   ] 5 juillet, il n'y a plus d'eau. Certains soldats boivent du vin, deviennent ivres et se révoltent. Les officiers les massacrent. Les naufragés deviennent fous de soif et de faim. [   ], le 7 juillet, il y a les premières scènes de cannibalisme.

Le 17 juillet, après [   ] d'agonie, miracle ! Un navire apparaît ! C'est *L'Argus*, parti à la recherche du radeau. Ils sont sauvés ! Mais il ne reste que quinze survivants.

[   ], en septembre, *L'Écho* revient du Sénégal, arrive à Brest et avertit le ministère de la Marine de la perte de *La Méduse*. Jean-Baptiste Savigny, l'un des survivants du radeau de La Méduse, raconte son aventure. Les gens sont horrifiés !

Le 1er décembre : le commandant de *La Méduse* rentre à son tour en France, bien tranquille. Il pense que personne en France ne sait ce qui est arrivé [   ]. Erreur ! Il est jugé dès son arrivée et condamné à trois ans de prison.

1 Dites si les affirmations ci-dessous sont vraies ou fausses.   ____ /5

	Vrai	Faux
1. *Il y a un rapport d'antériorité quand des évènements se produisent au même moment.*		
2. **Dès que** *est suivi d'un verbe à l'indicatif.*		
3. **Avant que** *est suivi d'un verbe à l'indicatif.*		
4. *Le gérondif exprime la simultanéité.*		
5. **Jusqu'à** *sert à exprimer une limite dans le temps.*		
6. **Pendant** *est toujours facultatif.*		
7. **Pour** *et* **pendant** *sont interchangeables.*		
8. *On utilise* **depuis** *pour marquer le point de départ d'une action.*		
9. **En** *et* **dans** *indiquent la durée mais seul* **dans** *s'emploie dans un contexte futur.*		
10. **Apporter** *s'utilise avec des personnes.*		

2 Complétez les phrases avec l'une des propositions suivantes : *dedans, dès, dehors, au bord de, autour du, tu as mis, au bout du, au fond, tous les jours, en dormant, au-dessus de, emmener, dans la matinée, cela fait.*   ____ /15

1. Pour aller me baigner, je traverse la rue : la maison est juste _____ la mer.

2. Mon frère est resté longtemps _____ quai de la gare, à faire des signes d'au revoir.

3. Qui peut m'_____ à la gare ?

4. Le facteur passe _____ sauf le dimanche.

5. Est-ce qu'on pourrait se voir demain _____, entre 10 heures et midi?

6. _____ dix jours qu'il ne m'a pas téléphoné !

7. C'est toi qui as fait la cuisine ? C'était long à faire ? _____ combien de temps ?

8. Lucas est somnambule : la nuit, il se promène dans la maison _____.

9. Mon cousin dépense beaucoup plus d'argent qu'il n'en gagne ; il me semble bien qu'il vit _____ ses moyens.

10. On a trouvé un coffre _____ du vieux puits, mais il était vide, il n'y avait rien _____ !

11. Ne restez pas _____ : entrez donc prendre un café !

12. Les champs de blé s'étendent _____ village.

13. Le tableau qui me plaît est exposé _____ de la galerie.

14. Il a sauté de joie _____ qu'il a appris la bonne nouvelle.

10. LES RELATIONS LOGIQUES (1)

10.1 L'expression de la cause

Il y a plusieurs façons d'exprimer la cause.

Avec une conjonction de cause

- **Parce que** répond à la question **pourquoi ?**
  - *Pourquoi tu es en retard ?*
  - *Parce qu'il y avait un énorme embouteillage.*

- **Puisque** introduit une cause connue des interlocuteurs.
  *Mary, **puisque** tu es anglaise, tu peux m'expliquer ce passage de Shakespeare ?*

- **Comme** a un sens assez proche de **puisque**. On le place toujours en tête de phrase.
  ***Comme** tu as été très sage chez le dentiste, je t'emmène manger une glace.*

- **Étant donné que / vu que** ont également un sens proche de **puisque**. Ces deux conjonctions appartiennent plutôt à la langue écrite et se placent souvent en tête de phrase.
  ***Étant donné que** vous n'avez pas répondu à ma lettre, je considère que vous ne voulez pas poursuivre nos relations.*

- **Sous prétexte que** s'utilise quand la personne qui parle donne une explication mais son interlocuteur ne la croit pas.
  *Il n'est pas venu **sous prétexte qu'**il était fatigué.* (Sous entendu : mais personne ne le croit).

Avec une préposition ou une locution prépositionnelle et un nom

- **À cause de...** exprime une idée de cause négative ou neutre.
  *Il était en retard **à cause des** embouteillages.*

- **Grâce à** exprime nécessairement une idée de cause positive.
  *Elle a trouvé ce travail **grâce à** un ami de son père.*

- **En raison de / À la suite de** s'emploient de préférence pour exprimer une cause dans un contexte formel (officiel, professionnel, administratif).
  ***En raison d'**une grève surprise, le trafic est très perturbé sur la ligne 13.*

- **Faute de** exprime l'idée d'une cause associée à un manque.
  *Il n'a pas pu partir **faute d'argent**.* (= parce qu'il n'avait pas d'argent).

- **Pour** peut, dans certains cas, exprimer la cause.
  *Il a été arrêté **pour** insultes à la police.* (= parce qu'il a insulté la police).

- **Par** suivi d'un nom, sans article, exprime la cause. Il s'agit souvent de formes fixées par l'usage :
  par amour, par vengeance, par mépris, par habitude...
  *Il a agi **par vengeance**.*

- **De.**
  *Elle tombe **de** fatigue !*

> Attention à l'adjectif **dû à** ou **due à** (du verbe **devoir**).
> *Cet accident est **dû à** la fatigue.*

Avec une conjonction de coordination ou une locution adverbiale

- **Car** a le même sens que **parce que** (on donne une explication) mais il appartient à un registre plus formel. **Car** n'est jamais en tête de phrase.
  *Il faudra faire des économies **car** la situation n'est pas bonne.*

- **En effet** introduit aussi une explication. On le trouve souvent après un point ou un point virgule.
  *Il faudra faire des économies ; **en effet**, la situation n'est pas bonne.*

1 Exprimez de quatre autres manières la relation cause/conséquence.

Exemple : Il y a eu 21 kilomètres de bouchons à cause d'un accident sur l'autoroute A6.

	Cause	un accident sur l'autoroute A6
	Conséquence	un bouchon de vingt et un kilomètres
1	Cause	
	Conséquence	
2	Cause	
	Conséquence	
3	Cause	
	Conséquence	
4	Cause	
	Conséquence	

2 Complétez avec *parce que* ou *puisque*.

1. Tiens, Laura, _____ tu parles anglais, tu peux m'aider à traduire ce texte ?

2. Il s'est mis à pleurer _____ il était très malheureux.

3. Je suis fâchée _____ tu n'écoutes pas ce que je dis !

4. Bon ! _____ tu n'es jamais d'accord avec moi, débrouille-toi tout seul !

3 Complétez en utilisant la locution qui convient.

à cause (de)   grâce (à)   en raison (de)   à la suite (de)   faute (de)

1. Ils ont dû déménager _____ de l'inondation de leur maison.

2. Dis-moi merci : c'est _____ à moi que tu as réussi ton examen !

3. Excusez-moi, je n'ai pas pu finir mon travail _____ de temps.

4. _____ d'une coupure d'électricité, les bureaux seront fermés à 15 heures.

5. C'est _____ de lui que tu pleures ? Arrête ! Il n'en vaut pas la peine.

4 Complétez avec un des mots suivants.

provoqué   car   comme   grâce à   en effet

Retrouvée après plus de trente heures perdue dans des fjords

Une jeune Française a été retrouvée plus de trente heures après s'être perdue dans des fjords en Islande. C'est un vrai miracle ; _____, elle aurait pu perdre la vie _____ la température est très basse en cette saison, surtout la nuit. _____ elle pensait faire une toute petite balade, elle n'avait pas pris son portable. L'alerte a été donnée par son amie islandaise qui s'est inquiétée de ne pas la voir revenir. La jeune fille a finalement été retrouvée _____ surtout aux chiens qui ont pu suivre sa trace. Quand les secours sont arrivés, elle était en état de choc _____ par l'hypothermie. Elle a été hospitalisée pour observation mais ses jours ne sont pas en danger.

10.2 L'expression de la conséquence et du but

Il est logique de traiter ensemble la conséquence et le but puisque le but est une « conséquence souhaitée, désirée ».

La conséquence

Il y a plusieurs façons d'exprimer la conséquence.

Avec une conjonction

Une conjonction, qui n'est jamais placée en début de phrase, peut exprimer la conséquence :
si bien que, de telle façon que, de telle sorte que, de telle manière que + indicatif.
> *Elle a eu un accident **si bien que** maintenant elle a peur de conduire.*

Pour marquer l'intensité, on utilise :

- **si** + adjectif ou adverbe + **que**
- **tellement** + adjectif ou adverbe + **que**
- **tant de** + nom + **que**
- **tellement de** + nom + **que**
> *Il joue **si bien** au tennis **qu'**il gagne tous les matchs.*
> *Il a gagné **tant de** matchs **qu'**il ne peut même plus les compter !*

Avec un adverbe ou une locution adverbiale

Un adverbe peut exprimer la conséquence : **donc, c'est pourquoi, c'est pour cela que, par conséquent, en conséquence** (plus officiel), **ainsi, aussi**…
> *Elisa était fatiguée, **c'est pourquoi** nous ne sommes pas sortis hier soir.*

Dans un registre moins formel (surtout à l'oral) on peut aussi utiliser :
alors, c'est pour ça que…
> *Elle était morte de fatigue. **Alors**, on est restés chez nous.*

> Avec l'adverbe de conséquence **aussi** il faut inverser le sujet et le verbe.
> *Elisa était fatiguée, **aussi** avons-nous décidé de rester à la maison.*

Le but

Il y a plusieurs façons d'exprimer le but.

Avec une conjonction

Une conjonction peut exprimer le but : **pour que, afin que, de telle façon que, de telle manière que** + subjonctif.
> *Il m'a répété cette règle de grammaire **pour que** je la comprenne bien.*

> **pour / afin de** + infinitif → un seul sujet.
> *Il insiste pour venir.*
> **pour que / afin que** + subjonctif → deux sujets différents.
> *Il insiste pour que tu viennes.*

Avec une préposition

Une préposition peut exprimer le but : **afin de** + infinitif, **en vue de** + infinitif / nom, **pour**.
> *On met des doubles fenêtres **pour** faire des économies d'énergie.*
> *On met des doubles fenêtres **pour** une meilleure isolation.*

On peut aussi exprimer l'idée de but à l'aide d'un nom : **un but, un objectif, une intention**…

1 Reformulez avec :

(si) (tellement + adjectif… que) (tant de) (tellement de + nom… que)

1. Je suis très heureux. J'ai envie de sauter de joie.

_____

2. Le chômage des jeunes est très grave. La situation sociale est explosive.

_____

3. Ses cours sont terriblement difficiles. Personne ne comprend rien !

_____

4. Il dépense un argent fou. Le 15 du mois, il n'a plus un sou.

_____

5. Dans le métro, ce matin, il y avait beaucoup de monde. On était comme des sardines dans une boîte !

_____

6. On a trop de travail. On n'arrivera jamais à finir à 18 heures.

_____

2 Reliez.

1. Mets une écharpe et des gants
2. Explique-leur bien l'itinéraire
3. Ma voiture est en panne
4. Elle déteste trop Lucas
5. Elle a perdu son agenda
6. Il est trop fragile nerveusement

A. si bien que je dois prendre le train.
B. pour qu'on lui dise la vérité.
C. et donc tous ses contacts !
D. pour ne pas attraper froid.
E. pour qu'ils ne se perdent pas.
F. pour le supporter une minute.

3 Imaginez une conséquence possible ou une suite de conséquences possibles.

1. Hier, je suis parti(e) à toute vitesse parce que j'étais en retard. J'ai claqué la porte et, zut ! mes clés sont restées à l'intérieur. _____

_____

2. Pendant toute l'année, elle a pris des cours de tango avec un prof argentin. _____

_____

3. Depuis quelques années, on a réintroduit des loups et des ours dans les montagnes françaises. _____

_____

4. La rivière a débordé dans la nuit du 13 au 14 mars. _____

_____

5. Madame Bertrand voit mal. Samedi dernier, elle s'est trompée de train et elle est montée dans le train pour Bordeaux alors qu'elle voulait aller à Brest, en Bretagne. _____

10.3 L'expression de l'opposition et de la concession

L'opposition

On compare et oppose deux réalités distinctes qui peuvent exister en même temps.
Richard est très sérieux. Sa sœur est très différente, elle adore faire la fête.

Pour exprimer l'opposition, on peut utiliser :

• une conjonction de coordination ou un adverbe : **mais**, **au contraire**, **à l'inverse**, **en revanche**, **par contre**.
*Richard est très sérieux ; **en revanche**, son colocataire adore faire la fête.*

• une conjonction de subordination : **alors que**, **tandis que** + indicatif.
*Richard est très sérieux **alors que** son colocataire adore faire la fête.*

La concession

On exprime une contradiction entre deux faits ; l'un devrait logiquement empêcher l'autre de se réaliser.
Ses parents sont américains. Elle ne parle pas un mot d'anglais.

Pour exprimer la concession, on peut utiliser :

• une conjonction de coordination ou un adverbe : **mais**, **(et) pourtant**, **cependant**, **toutefois**, **néanmoins** (langue plus formelle).
*Elle dépense une fortune chez les couturiers **et pourtant** elle s'habille très mal.*

• une préposition : **malgré**, **en dépit de** + nom.
***Malgré** tout l'argent qu'elle dépense pour ses vêtements, elle s'habille très mal.*

• des conjonctions ou des locutions conjonctives : **bien que**, **quoique** + subjonctif.
***Bien qu'**elle fasse des folies chez les couturiers, elle s'habille très mal.*

• **avoir beau** + infinitif. Il s'agit d'une expression très fréquente en français pour dire qu'on agit pour atteindre un objectif, mais sans succès.
***Il a eu beau faire** des efforts pour arrêter de fumer, rien à faire !*
***Tu auras beau insister**, quand je dis non, c'est non !*

Il faut faire attention de ne pas confondre :

• **bien que** (idée de concession) et **si bien que** (idée de conséquence).
***Bien qu'**il neige, les enfants sont partis à l'école.*
*Il neige, **si bien que** les enfants ne sont pas partis à l'école.*

• **en fait** (idée d'opposition / concession) et **en effet** (expression de la cause).
*Il a dit qu'il était trop malade pour aller travailler. **En fait,** quelqu'un l'a vu au théâtre hier soir.*

*Il a dit qu'il était trop malade pour aller travailler. **En effet**, il avait 40° de fièvre et il a dû aller à l'hôpital.*

> **Or** et **en fait** : ces deux locutions ont souvent le sens de « mais, en réalité ».
> *Il a dit qu'il était trop malade pour sortir de son lit. **Or / En fait**, quelqu'un l'a vu au théâtre hier soir.*

1 Comparez en utilisant *alors que, tandis que* ou *en revanche*.

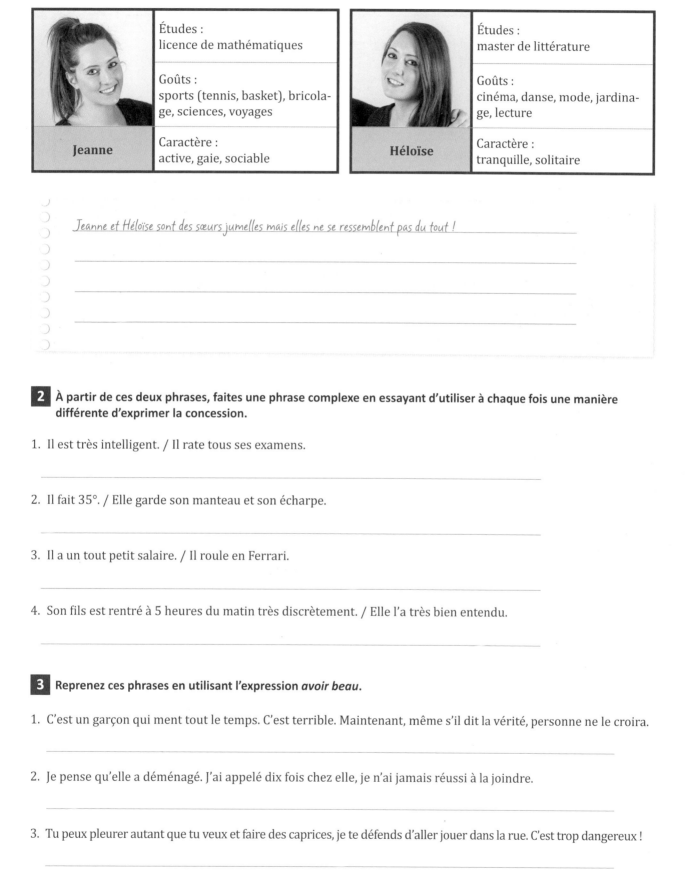

	Études : licence de mathématiques
	Goûts : sports (tennis, basket), bricola-ge, sciences, voyages
Jeanne	Caractère : active, gaie, sociable

	Études : master de littérature
	Goûts : cinéma, danse, mode, jardina-ge, lecture
Héloïse	Caractère : tranquille, solitaire

Jeanne et Héloïse sont des sœurs jumelles mais elles ne se ressemblent pas du tout !

_____

_____

_____

2 À partir de ces deux phrases, faites une phrase complexe en essayant d'utiliser à chaque fois une manière différente d'exprimer la concession.

1. Il est très intelligent. / Il rate tous ses examens.

_____

2. Il fait 35°. / Elle garde son manteau et son écharpe.

_____

3. Il a un tout petit salaire. / Il roule en Ferrari.

_____

4. Son fils est rentré à 5 heures du matin très discrètement. / Elle l'a très bien entendu.

_____

3 Reprenez ces phrases en utilisant l'expression *avoir beau*.

1. C'est un garçon qui ment tout le temps. C'est terrible. Maintenant, même s'il dit la vérité, personne ne le croira.

_____

2. Je pense qu'elle a déménagé. J'ai appelé dix fois chez elle, je n'ai jamais réussi à la joindre.

_____

3. Tu peux pleurer autant que tu veux et faire des caprices, je te défends d'aller jouer dans la rue. C'est trop dangereux !

_____

4. J'ai cherché partout, absolument partout. Impossible de retrouver mon passeport !

_____

Piste 17

1 Écoutez et complétez à chaque fois avec la cause ou bien avec la ou les conséquences.

1	Cause	Il y a eu des problèmes dans le métro
	Conséquence(s)	
2	Cause	Victor...
	Conséquence(s)	et il a été puni.
3	Cause	Mon père...
	Conséquence(s)	Il s'est cassé la cheville, on a dû appeler le SAMU pour l'emmener à l'hôpital et ...
4	Cause	Sonia, ma collègue,...
	Conséquence(s)	... À midi, elle est rentrée chez elle parce qu'elle était malade...

2 Complétez avec un des mots suivants.

si bien que　　bien que　　en revanche　　par　　à l'inverse　　grâce à　　puisque　　faute de　　en effet

Hubert a toujours vécu à Passy, quartier très chic du 16e arrondissement de Paris. _____, sa sœur Béatrice vit dans le très populaire 20e arrondissement, _____ elle ait de l'argent, elle aussi. Son frère dit qu'elle a choisi de vivre là _____ snobisme. Lui, qui est vraiment très snob, refuse d'aller la voir dans « ce quartier perdu », _____, quand elle veut passer un moment avec lui, c'est elle qui doit se déplacer jusqu'à Passy.

PARIS

_____, le fils d'Hubert, qui est très bohême, rend souvent visite à sa tante. Il aimerait bien aller vivre chez elle mais c'est impossible _____ place ; _____, elle n'a qu'un petit deux-pièces. Il espère que _____ relations de Béatrice, qui connaît tout le monde _____ elle travaille à la Mairie du 20e arrondissement depuis vingt-cinq ans, il finira par trouver un appartement près de chez elle.

3 Relevez dans cette lettre tous les termes exprimant la cause, la conséquence et le but.

Jean-Louis Ferrand
123 avenue Charles-de-Gaulle
33 000 Bordeaux

Madame Nielsen
BP 45 Niort 79 022

Madame,

J'ai bien reçu votre lettre, je vous en remercie. Je ne peux pas accéder à votre demande parce qu'elle est totalement injustifiée. En effet, lorsque vous avez visité le studio, vous avez bien vu que tout était en excellent état : cuisine, salle de bains, toilettes… Vous avez signé l'état des lieux sans faire de remarque ni d'objection, si bien que votre réclamation d'aujourd'hui n'est pas recevable.

Vous me dites que vous avez inondé le voisin du dessous en raison d'une fuite de la baignoire. Je ne pense pas qu'il s'agissait d'une fuite car la salle de bains a été refaite récemment ; je pense plutôt que vous avez laissé déborder l'eau et que c'est là la cause de l'inondation. C'est pourquoi il n'est pas question que je paie la facture que vous m'envoyez.

Vous êtes assurée pour les dégâts des eaux. Il faut donc que vous vous adressiez à votre assurance. Ils enverront un expert pour constater les dégâts chez votre voisin. Vous aurez sans doute à payer une certaine somme, ce qui est normal puisque vous êtes la personne responsable de ce dégât.

Pour le reste, je vous conseille de penser à bien fermer les robinets de telle sorte que ces incidents ne se reproduisent pas.

Cordialement

Cause	Conséquence	But

1 Complétez avec un des mots suivants. ____/10

à cause (de)   puisque   comme   grâce à   pour que   en raison (de)

à la suite (de)   faute (de)   si bien que   pour

1. Vingt-six personnes ont été interpellées par la police _____ des manifestations.

2. Je ne peux pas aller aux États-Unis, _____ d'un passeport en cours de validité.

3. _____ d'un problème technique sur le réseau, il y aura des coupures d'électricité le 22 septembre entre 8 heures et 12 heures.

4. Très bien ! _____ tu refuses de m'aider, je me débrouillerai tout seul !

5. C'est _____ ton aide que j'ai pu finir ce travail à temps. Merci !

6. Nous n'avons pas pu nous baigner _____ du temps. Il a plu tous les jours.

7. Mon réveil n'a pas sonné ce matin _____ je ne me suis pas réveillé à l'heure.

8. Allez, lève-toi vite _____ ne pas arriver en retard à l'école.

9. _____ j'étais en retard, j'ai pris un taxi.

10. Ils ont acheté une grande maison _____ chaque enfant ait sa chambre.

2 Entourez la bonne réponse. ____/5

1. Il n'était pas du tout parti chez ses parents. *En fait / En effet*, il était chez sa copine mais il ne voulait pas le dire.

2. Il n'a pas encore trouvé de travail et *pourtant / c'est pourquoi* il en a cherché pendant des semaines !

3. J'ai oublié cette règle de grammaire *bien que / si bien que* je l'aie apprise.

4. Greg adore les maths. *En revanche / En fait,* sa sœur déteste ça !

5. Il n'a pas de talent, à mon avis, et *cependant / or* il a beaucoup de succès.

3 Dites si les affirmations ci-dessous sont vraies ou fausses. ____/5

	Vrai	Faux
1. **Bien que** et **quoique** ont le même sens.		
2. **Comme** est toujours en début de phrase.		
3. **En raison de** est du français familier, oral.		
4. **Cela est dû à** = idée d'obligation.		
5. **Alors que** exprime une idée d'opposition.		

11. LES RELATIONS LOGIQUES (2)

11.1 L'expression de la condition et de l'hypothèse (1)

Exprimer une condition et exprimer une hypothèse sont deux actes de parole un peu différents.

La condition suppose un lien de nécessité entre deux faits.
> *Je retire ma plainte en justice si vous me faites des excuses publiques.*

L'hypothèse ou la supposition est plutôt de l'ordre de l'éventualité.
> *Si vous continuez à faire du bruit, j'appelle la police.*

Il existe plusieurs façons d'exprimer cette relation logique.

Avec la conjonction *si*

C'est la manière la plus fréquente d'exprimer la condition ou l'hypothèse. Il existe plusieurs cas selon le degré de possibilité d'un fait. Le fait peut être :

• probable dans le futur.
> ***S'****il fait beau dimanche, on va tous à la plage !* (La seule inconnue, c'est le temps qu'il fera. Mais s'il fait beau, on ira à la plage, c'est sûr !).

• possible dans le futur mais le doute est plus grand que dans le cas précédent.
> ***Si*** *j'avais le temps cet été, je repeindrais les volets de la maison.* (Il n'est pas sûr que j'aie le temps).

• irréel au présent. Le fait ne peut pas se réaliser : c'est par exemple une supposition absurde.
> ***Si*** *on vivait jusqu'à 150 ans, ce serait merveilleux.* (Personne ne vit jusqu'à 150 ans. L'hypothèse est irréelle).

• irréel au passé. La condition ne s'est pas réalisée dans le passé.
> *Si tu avais fait attention, tu ne serais pas tombé !* (Comme tu n'as pas fait attention, tu es tombé).

On ne peut pas utiliser n'importe quel temps ou mode pour exprimer la relation de condition ou d'hypothèse. Voici le tableau des différentes possibilités.

> Après le **si** de la condition et de l'hypothèse, on n'emploie jamais de futur, ni de conditionnel, ni de subjonctif.

si + présent +	présent	*Si vous voulez, vous pouvez venir avec lui.*
	futur	*Si vous voulez, vous viendrez avec lui.*
	impératif	*Si vous voulez, venez avec lui.*
si + imparfait +	conditionnel présent	*Si tu travaillais plus, tu réussirais tes examens.*
	conditionnel passé	*Si tu travaillais plus, tu aurais réussi tes examens.*
si + plus-que-parfait +	conditionnel présent	*Si je n'avais pas perdu mon portefeuille hier, je te prêterais de l'argent.* (Maintenant)
	conditionnel passé	*Si je n'avais pas perdu mon portefeuille hier, j'aurais pu rentrer en taxi.* (Hier)

1 **Transformez comme dans l'exemple.**

arrêter de fumer → faire des économies   *S'il arrête de fumer, il fera des économies.*

	changer mon ordinateur	→ être plus efficace au travail	*S'il change son ordinateur, ...*
	être plus efficace au travail	→ avoir une promotion	
	avoir une promotion	→ gagner plus d'argent	
	gagner plus d'argent	→ acheter un nouvel ordinateur	

	se coucher trop tard ce soir	→ être de mauvaise humeur demain	
	être de mauvaise humeur demain	→ avoir des problèmes avec mes collègues	
	avoir des problèmes avec mes collègues	→ chercher de nouveaux amis	
	avoir de nouveaux amis	→ sortir le soir	
	sortir le soir	→ se coucher trop tard	

2 **Mettez au temps et au mode corrects les infinitifs entre parenthèses.**

1. S'il avait roulé moins vite, il _____ (éviter) cet accident.

2. Si j(e) _____ (être) plus jeune, je partirais avec toi. Mais à mon âge, non !

3. Si tu passes après 20 heures, je _____ (être) à la maison. Ne passe pas avant.

4. Si tu _____ (travailler) un peu plus régulièrement, tu réussirais mieux.

5. Si tu mangeais moins de bonbons, tu _____ (ne pas avoir) mal aux dents !

6. Un conseil pour les retours de week-ends : si vous _____ (se sentir) fatigué, n'hésitez pas, arrêtez-vous !

3 **Parmi ces phrases, lesquelles sont… ?**

(probables)   (possibles dans le futur)   (irréelles au présent)   (irréelles au passé)

1. Si tu m'avais écouté, tu n'aurais pas fait cette sottise !   → _____

2. Si tu veux, allons dîner dehors ce soir.   → _____

3. Si j'étais à ta place, je n'accepterais pas ce travail.   → _____

4. Si nous allions à Venise, je te montrerais un musée que j'adore.   → _____

5. Si vous étiez français, la grammaire vous semblerait facile.   → _____

6. Si j'avais joué au loto, j'aurais peut-être gagné, et maintenant je serais riche.   → _____

11.2 L'expression de la condition et de l'hypothèse (2)

On peut aussi exprimer la condition et l'hypothèse à l'aide d'une conjonction, d'un gérondif, d'une préposition, d'un adjectif ou d'un adverbe.

Avec une conjonction

- **à condition de** + infinitif (si c'est le même sujet).
  *Je veux bien assister à la réunion **à condition d'arriver** après 18 heures.*

- **à condition que** + subjonctif (si le sujet de la principale est différent de la subordonnée).
  *Je veux bien assister à la réunion **à condition que ce soit** après 18 heures.*

- **pourvu que** + subjonctif.
  *Je veux bien assister à la réunion **pourvu que ce soit** après 18 heures.*

- **à moins de** + infinitif (si c'est le même sujet).
  *On passera par La Rochelle **à moins de prendre** l'autoroute et d'aller directement à Bordeaux.*

- **à moins que** + subjonctif (si le sujet de la principale est différent de la subordonnée).
  *On peut dîner sur la terrasse **à moins qu'il (ne) fasse** trop froid.*

- **supposons que / à supposer que** + subjonctif.
  ***Supposons qu'on puisse** aller sur Mars d'ici vingt ans. Tu irais ?*

- **sauf si** + indicatif.
  *Je viendrai en voiture **sauf s'il fait** trop mauvais temps.*

- **au cas où / dans l'hypothèse où** + conditionnel.
  ***Au cas où tu ne le saurais pas** encore, je t'annonce mon mariage.*

> **Pourvu que** peut aussi exprimer le souhait.
> *Pourvu qu'il fasse beau demain !*

> *On peut dîner sur la terrasse à moins qu'il (ne) fasse trop froid.*
> Ici, le **ne** est explétif, il n'a pas de valeur réellement négative. Si on le supprime, le sens de la phrase ne change pas. On l'utilise surtout en français soutenu.

Avec un gérondif

Le gérondif est une forme verbale invariable. Il se place souvent en tête de phrase.
C'est l'autre partie de la phrase qui indique la temporalité.
  ***En cherchant** sur locapass.fr, tu pourrais trouver un studio.*
  ***En cherchant** sur locapass.fr, tu aurais trouvé un studio plus vite.*

Avec une préposition ou une locution prépositionnelle

- **avec / sans / sauf / en cas de** + nom.
  *Dommage ! **Avec** vingt centimètres de plus (= s'il avait vingt centimètres de plus), il serait superbe !*
  ***En cas d'**absence (= si je ne suis pas là), adressez-vous au n°145.*

Avec un adjectif

Pour exprimer la condition ou l'hypothèse, l'adjectif doit être placé en apposition.
  *Un peu plus **grand** (= s'il était un peu plus grand), il serait superbe.*

Avec un adverbe

- **sinon / autrement**.
  *Dépêche-toi, **sinon** on va rater le début du film !*

1 Transformez ces phrases en utilisant *si*.

1. Au cas où je serais un peu en retard, commencez à dîner sans moi.

_____

2. Avec des cheveux plus courts et un peu plus blonds, elle ressemblerait exactement à ma sœur Sophie.

_____

3. Vous n'auriez pas fait la fête jusqu'à 6 heures du matin, vous seriez un peu mieux réveillés ce matin !

_____

4. En faisant tes courses sur Internet, tu paierais un peu plus cher mais tu gagnerais beaucoup de temps.

_____

5. Nous serons là le 15 entre 10 h et midi sauf problème de dernière minute.

_____

6. Je ne savais pas que c'était ton anniversaire. Sinon, bien sûr, je t'aurais envoyé un message.

_____

7. Pour une perte de passeport, adressez-vous au bureau 123.

_____

8. On commencera la réunion à 5 heures. À supposer que tout le monde soit à l'heure !

_____

2 Dans ces phrases, *pourvu que* exprime-t-il le souhait (S) ou la condition (C) ?

1. Je suis très inquiète. Pourvu qu'il ne lui soit rien arrivé ! → ☐
2. Il fera les études qu'il désire faire pourvu que ça lui plaise. → ☐
3. D'accord pour que tu sortes pourvu que tu sois rentré à minuit. → ☐
4. Arrive le 15 ou le 20. Fais comme tu veux pourvu que tu viennes. → ☐

3 Remplacer *au cas où* + conditionnel par *en cas de* + nom. Vérifiez dans votre dictionnaire.

1. Au cas où il pleuvrait, prends un imperméable. C'est plus prudent.

_____

2. Au cas où il y aurait un vol ou une agression, vous seriez couverts également par notre assurance.

_____

3. Au cas où les dates de départ seraient modifiées, nous vous préviendrions par courriel.

_____

4. Au cas où nous nous serions trompés dans le calcul de vos indemnités, vous pouvez demander une rectification.

_____

5. Attention : au cas où vous paieriez vos impôts en retard, ils seront majorés de 10 %.

_____

Piste 18

1 Écoutez et répondez.

1. De quelle origine est la première personne ? Justifiez votre réponse.

_____

2. S'il avait du temps et de l'argent, que ferait-il ?

_____

3. Et son ami ? Que ferait-il s'il avait du temps et de l'argent ?

_____

4. Sa copine viendrait avec lui à certaines conditions. Lesquelles ?

– _____

– _____

– _____

2 Imaginez une condition nécessaire pour que l'action se réalise.

1. Mes parents ont promis de m'acheter une voiture à condition que _____

_____

2. Je suis d'accord pour venir dîner chez vous demain à condition que _____

_____

3. Je veux bien t'aider à finir ton travail à condition que _____

_____

4. Je veux bien te pardonner à condition que _____

_____

5. Mon frère me prête son appartement à New York à condition que _____

_____

3 Reliez.

1. Prends de l'aspirine   A. j'aurais pu aller aux États-Unis.

2. Si la grève des trains continue,   B. si tu amènes ton chien.

3. Si je suis en retard,   C. il faudra prendre l'avion.

4. Si je n'avais pas perdu mon passeport,   D. il viendrait, je crois.

5. Si tu l'invitais ce week-end,   E. vous ferez des progrès.

6. Nous serions arrivés plus tôt   F. attends-moi au café en face.

7. On ne te laissera pas entrer   G. si tu as mal à la tête.

8. Si vous écoutez la radio un peu tous les jours   H. si tu t'étais levé à l'heure !

4 *Si* n'a pas toujours une valeur de condition ou d'hypothèse. Cochez les phrases dans lesquelles *si* a une autre valeur. Dites quelle est cette valeur : comparaison/intensité (C.I.), interrogation indirecte (I.I.), réponse affirmative à une question négative (R.Aff.).

1. – **Si** tu étais à ma place, qu'est-ce que tu ferais ? ☐

   – Je ne sais pas **si** j'accepterais. C'est une proposition **si** bizarre ! ☐ ☐

2. – Je ne sais pas **si** tu as aimé ce film, mais moi, je l'ai adoré ! ☐

   – Hum... **Si** tu le compares avec les précédents films de Spielberg, il est moins bien, à mon avis. ☐

3. – Ça ne vous ennuierait pas trop **si** je réfléchissais un jour ou deux ? ☐

   – Non. **Si** vous voulez attendre pour donner votre réponse, pas de problème ! ☐

4. – **Si** tu étais gentille, tu passerais voir Papy, même pas longtemps... Il serait **si** content de te voir ! ☐ ☐

   – Pas longtemps ! Je le connais ! **Si** j'y vais, il faudra que je reste dîner avec lui et j'ai un rendez-vous

   ce soir. ☐

5. – Un rendez-vous ! Pas avec Marco, j'espère !

   – **Si**, c'est avec lui. ☐

5 Dans ce texte, entourez toutes les façons d'exprimer la condition et l'hypothèse.

Dans dix jours, c'est la rentrée des classes. Magali a quatorze ans, elle entre en troisième. Pour sa mère, c'est toujours un moment un peu difficile...

Lundi 11 heures.
– Dis donc, Magali, il faudrait peut-être qu'on commence à penser à la rentrée... Si au moins tes profs avaient donné une liste de ce qu'il faut acheter ! Tu es sûre qu'ils n'ont rien dit ?
– Non. Je suppose que c'est comme l'année dernière... Il me faut plein de choses !
– Ah ne commence pas ! Je veux bien venir avec toi à condition que tu ne me demandes pas la lune comme d'habitude. Sinon, tu dis à ton père de t'accompagner. Je suppose qu'il sera ravi, enchanté...
– Arrête, il ne voudra jamais ! Bon, on pourrait aller à Auchan* si tu veux, sauf s'il y a encore les soldes à Carrefour* mais je crois que c'est fini.

Lundi 16 heures.
– Alors, cahiers, stylos, crayons... ça y est. Est-ce que tu as besoin d'un cartable ?
– Maman, les cartables au collège, c'est nul ! Mais un sac, oui, je veux bien. Celui de l'an dernier est tout déchiré. Tiens ! Celui-ci est sympa, un peu petit peut-être. C'est dommage. Un peu plus grand, il serait parfait. Mais regarde le noir, là, il est top*!
– C'est un peu cher, ma chérie. Mais si tu en as vraiment envie, on le prend. Et maintenant, si tu veux, on va boire un verre quelque part, je meurs de soif.

*Auchan et Carrefour = deux hypermarchés - *top = très bien

1 Mettez les verbes entre parenthèses au temps et au mode qui conviennent. _____ /10

1. S'il n'y avait pas eu cette grève des contrôleurs aériens, je _____ (partir) hier matin.

2. Si tu _____ (apprendre) ta leçon juste avant de t'endormir, tu verras, demain, tu la sauras.

3. Si tu étais un peu plus aimable avec les gens, ce _____ (être) plus agréable pour tout le monde.

4. Si je _____ (ne pas recevoir) votre réponse d'ici trois jours, j'annule notre accord.

5. S'il y a un changement, ne t'inquiète pas, je te _____ (prévenir).

6. Si par hasard tu _____ (ne pas trouver) ce livre à la bibliothèque, on pourrait le commander.

7. Si je _____ (pouvoir), j'habiterais toute l'année au bord de la mer.

8. Si Mathilde avait continué ses cours de théâtre, elle _____ (être) peut-être célèbre aujourd'hui !

9. Si tu _____ (vouloir) venir, viens !

10. S'il y avait un ascenseur dans l'immeuble, la vie _____ (être) plus facile.

2 Remplacez ce qui est souligné par une expression synonyme. Attention aux changements dans la phrase. _____ /5

1. <u>En cas de difficulté pour régler votre facture d'électricité</u>, vous pouvez demander un délai de deux mois.

_____

2. Je veux bien t'emmener avec moi <u>à condition que tu te tiennes tranquille</u>.

_____

3. Tu devrais prendre ta trousse de toilette <u>au cas où tu devrais rester à l'hôpital ce soir</u>.

_____

4. <u>En faisant un peu plus attention</u>, tu n'aurais pas fait dix fautes d'orthographe dans ton texte !

_____

5. <u>Si par hasard tu voyais Frédéric</u>, tu pourrais lui dire qu'il me rapporte le plus tôt possible ma boîte à outils ?

_____

3 Dans ces cinq phrases, qu'est ce qui est exprimé ? _____ /5

☐ Si je gagnais au loto, j'achèterais une maison en Sicile.

☐ Si tu travaillais toute la journée dans les champs comme moi, tu verrais que ce n'est pas toujours rose !

☐ Si tu veux m'accompagner au concert de Rihanna mardi, j'ai deux places. Ça t'intéresse ?

☐ Je veux bien garder tes enfants ce week-end si tu gardes les miens le week-end prochain.

☐ Ce serait merveilleux s'il décidait de venir avec nous faire cette croisière !

A. c'est une proposition

B. c'est un souhait

C. c'est possible mais pas très probable

D. c'est irréel

E. c'est une condition

Voyelles orales	
[i]	*dit* [di], *ici* [isi]
[e]	*thé* [te], *avez* [ave], *présenter* [pʀezɑ̃te]
[ɛ]	*dès* [dɛ], *très* [tʀɛ], *appelle* [apɛl], *adresse* [adʀɛs]
[a]	*cravate* [kʀavat]
[ɑ]	*pâte* [pɑt]
[ɔ]	*dort* [dɔʀ], *téléphone* [telefɔn]
[o]	*dos* [do], *gâteau* [gɑto]
[u]	*vous* [vu], *bijoux* [biʒu]
[y]	*du* [dy], *dessus* [dəsy]
[ø]	*deux* [dø], *nerveuse* [nɛʀvøz]
[œ]	*jeune* [ʒœn], *neuf* [nœf]
[ə]	*ce* [sə], *je* [ʒə]
Voyelles nasales	
[œ̃]	*brun* [bʀœ̃], *parfum* [paʀfœ̃]
[ɛ̃]	*voisin* [vwazɛ̃], *impossible* [ɛ̃pɔsibl], *plein* [plɛ̃]
[ɑ̃]	*dans* [dɑ̃], *prendre* [pʀɑ̃dʀ]
[ɔ̃]	*nom* [nɔ̃], *garçon* [gaʀsɔ̃]
Consonnes	
[p]	*pour* [puʀ]
[b]	*bout* [bu]
[t]	*tout* [tu]
[d]	*doute* [dut]
[k]	*car* [kaʀ], *qui* [ki], *kermesse* [kɛʀmɛs]
[g]	*gare* [gaʀ]
[s]	*sous* [su], *ça* [sa], *place* [plas], *invitation* [ɛ̃vitasjɔ̃]
[z]	*seize* [sɛz], *visiter* [vizite]
[ʃ]	*cheval* [ʃəval], *acheter* [aʃəte]
[ʒ]	*journée* [ʒuʀne], *jeux* [ʒø]
[f]	*facile* [fasil]
[v]	*vous* [vu], *vanille* [vanij]
[ʀ]	*ri* [ʀi], *père* [pɛʀ], *livre* [livʀ], *arriver* [aʀive]
[l]	*loin* [lwɛ̃], *tableau* [tablo], *salle* [sal]
[m]	*mal* [mal], *chemise* [ʃəmiz]
[n]	*ne* [nə], *anniversaire* [anivɛʀsɛʀ], *brésilienne* [bʀeziljɛn]
[ɲ]	*montagne* [mɔ̃taɲ], *peigner* [peɲe]
Semi-consonnes	
[ɥ]	*lui* [lɥi], *nuit* [nɥi]
[w]	*oui* [wi], *souhait* [swɛ], *square* [skwaʀ]
[j]	*travailler* [travaje], *payer* [peje], *fille* [fij], *yeux* [jø]

[ɑ] a tendance à disparaître. On lui préfère souvent [a].

[œ̃] est très souvent remplacé par [ɛ̃] en France métropolitaine.

Les participes passés figurent entre parenthèses à côté de l'infinitif.
L'astérisque * à côté de l'infinitif indique que ce verbe se conjugue avec l'auxiliaire **être**.

VERBES AUXILIAIRES

AVOIR (eu)

• *Avoir* indique la possession. C'est aussi le principal verbe auxiliaire aux temps composés :
j'ai parlé, j'ai été, j'ai fait...

INDICATIF

présent	passé composé	imparfait	plus-que-parfait	passé simple	futur simple	futur antérieur
j'ai	j'ai eu	j'avais	j'avais eu	j'eus	j'aurai	j'aurai eu
tu as	tu as eu	tu avais	tu avais eu	tu eus	tu auras	tu auras eu
il/elle/on a	il/elle/on a eu	il/elle/on avait	il/elle/on avait eu	il/elle/on eut	il/elle/on aura	il/elle/on aura eu
nous avons	nous avons eu	nous avions	nous avions eu	nous eûmes	nous aurons	nous aurons eu
vous avez	vous avez eu	vous aviez	vous aviez eu	vous eûtes	vous aurez	vous aurez eu
ils/elles ont	ils/elles ont eu	ils/elles avaient	ils/elles avaient eu	ils/elles eurent	ils/elles auront	ils/elles auront eu

SUBJONCTIF		CONDITIONNEL		IMPÉRATIF		
présent	passé	présent	passé	présent		
que j'aie	que j'aie eu	j'aurais	j'aurais eu			
que tu aies	que tu aies eu	tu aurais	tu aurais eu	aie		
qu'il/elle/on ait	qu'il/elle/on ait eu	il/elle/on aurait	il/elle/on aurait eu			
que nous ayons	que nous ayons eu	nous aurions	nous aurions eu	ayons		
que vous ayez	que vous ayez eu	vous auriez	vous auriez eu	ayez		
qu'ils/elles aient	qu'ils/elles aient eu	ils/elles auraient	ils/elles auraient eu			

ÊTRE (été)

• *Être* est aussi le verbe auxiliaire aux temps composés de tous les verbes pronominaux :
je me suis levé..., et de certains autres verbes : je suis venu, je suis arrivé....

INDICATIF

présent	passé composé	imparfait	plus-que-parfait	passé simple	futur simple	futur antérieur
je suis	j'ai été	j'étais	j'avais été	je fus	je serai	j'aurai été
tu es	tu as été	tu étais	tu avais été	tu fus	tu seras	tu auras été
il/elle/on est	il/elle/on a été	il/elle/on était	il/elle/on avait été	il/elle/on fut	il/elle/on sera	il/elle/on aura été
nous sommes	nous avons été	nous étions	nous avions été	nous fûmes	nous serons	nous aurons été
vous êtes	vous avez été	vous étiez	vous aviez été	vous fûtes	vous serez	vous aurez été
ils/elles sont	ils/elles ont été	ils/elles étaient	ils/elles avaient été	ils/elles furent	ils/elles seront	ils/elles auront été

SUBJONCTIF		CONDITIONNEL		IMPÉRATIF		
présent	passé	présent	passé	présent		
que je sois	que j'aie été	je serais	j'aurais été			
que tu sois	que tu aies été	tu serais	tu aurais été	sois		
qu'il/elle/on soit	qu'il/elle/on ait été	il/elle/on serait	il/elle/on aurait été			
que nous soyons	que nous ayons été	nous serions	nous aurions été	soyons		
que vous soyez	que vous ayez été	vous seriez	vous auriez été	soyez		
qu'ils/elles soient	qu'ils/elles aient été	ils/elles seraient	ils/elles auraient été			

VERBES SEMI-AUXILIAIRES

ALLER* (allé)

• *Dans sa fonction de semi-auxiliaire, **aller** + infinitif permet d'exprimer un futur proche.*

INDICATIF

présent	passé composé	imparfait	plus-que-parfait	passé simple	futur simple	futur antérieur
je vais	je suis allé(e)	j'allais	j'étais allé(e)	j'allai	j'irai	je serai allé(e)
tu vas	tu es allé(e)	tu allais	tu étais allé(e)	tu allas	tu iras	tu seras allé(e)
il/elle/on va	il/elle/on est allé(e)	il/elle/on allait	il/elle/on était allé(e)	il/elle/on alla	il/elle/on ira	il/elle/on sera allé(e)
nous allons	nous sommes allé(e)s	nous allions	nous étions allé(e)s	nous allâmes	nous irons	nous serons allé(e)s
vous allez	vous êtes allé(e)(s)	vous alliez	vous étiez allé(e)(s)	vous allâtes	vous irez	vous serez allé(e)(s)
ils/elles vont	ils/elles sont allé(e)s	ils/elles allaient	ils/elles étaient allé(e)s	ils/elles allèrent	ils/elles iront	ils/elles seront allé(e)s

SUBJONCTIF		CONDITIONNEL		IMPÉRATIF		
présent	passé	présent	passé	présent		
que j'aille	que je sois allé(e)	j'irais	je serais allé(e)			
que tu ailles	que tu sois allé(e)	tu irais	tu serais allé(e)	va		
qu'il/elle/on aille	qu'il/elle/on soit allé(e)	il/elle/on irait	il/elle/on serait allé(e)			
que nous allions	que nous soyons allé(e)s	nous irions	nous serions allé(e)s	allons		
que vous alliez	que vous soyez allé(e)(s)	vous iriez	vous seriez allé(e)(s)	allez		
qu'ils/elles aillent	qu'ils/elles soient allé(e)s	ils/elles iraient	ils/elles seraient allé(e)s			

VENIR* (venu)

• *Dans sa fonction de semi-auxiliaire, **venir de** + infinitif permet d'exprimer un passé récent.*

INDICATIF

présent	passé composé	imparfait	plus-que-parfait	passé simple	futur simple	futur antérieur
je viens	je suis venu(e)	je venais	j'étais venu(e)	je vins	je viendrai	je serai venu(e)
tu viens	tu es venu(e)	tu venais	tu étais venu(e)	tu vins	tu viendras	tu seras venu(e)
il/elle/on vient	il/elle/on est venu(e)	il/elle/on venait	il/elle/on était venu(e)	il/elle/on vint	il/elle/on viendra	il/elle/on sera venu(e)
nous venons	nous sommes venu(e)s	nous venions	nous étions venu(e)s	nous vînmes	nous viendrons	nous serons venu(e)s
vous venez	vous êtes venu(e)(s)	vous veniez	vous étiez venu(e)(s)	vous vîntes	vous viendrez	vous serez venu(e)(s)
ils/elles viennent	ils/elles sont venus(e)s	ils/elles venaient	ils/elles étaient venu(e)s	ils/elles vinrent	ils/elles viendront	ils/elles seront venu(e)s

SUBJONCTIF		CONDITIONNEL		IMPÉRATIF		
présent	passé	présent	passé	présent		
que je vienne	que je sois venu(e)	je viendrais	je serais venu(e)			
que tu viennes	que tu sois venu(e)	tu viendrais	tu serais venu(e)	viens		
qu'il/elle/on vienne	qu'il/elle/on soit venu(e)	il/elle/on viendrait	il/elle/on serait venu(e)			
que nous venions	que nous soyons venu(e)s	nous viendrions	nous serions venu(e)s	venons		
que vous veniez	que vous soyez venu(e)(s)	vous viendriez	vous seriez venu(e)(s)	venez		
qu'ils/elles viennent	qu'ils/elles soient venu(e)s	ils/elles viendraient	ils/elles seraient venu(e)s			

VERBES EN -ER (1er groupe)

APPELER (appelé)

• *La plupart des verbes en -eler doublent leur l aux mêmes personnes et aux mêmes temps que le verbe* **appeler**.

INDICATIF

présent	passé composé	imparfait	plus-que-parfait	passé simple	futur simple	futur antérieur
j'appelle	j'ai appelé	j'appelais	j'avais appelé	j'appelai	j'appellerai	j'aurai appelé
tu appelles	tu as appelé	tu appelais	tu avais appelé	tu appelas	tu appelleras	tu auras appelé
il/elle/on appelle	il/elle/on a appelé	il/elle/on appelait	il/elle/on avait appelé	il/elle/on appela	il/elle/on appellera	il/elle/on aura appelé
nous appelons	nous avons appelé	nous appelions	nous avions appelé	nous appelâmes	nous appellerons	nous aurons appelé
vous appelez	vous avez appelé	vous appeliez	vous aviez appelé	vous appelâtes	vous appellerez	vous aurez appelé
ils/elles appellent	ils/elles ont appelé	ils/elles appelaient	ils/elles avaient appelé	ils/elles appelèrent	ils/elles appelleront	ils/elles auront appelé

SUBJONCTIF · CONDITIONNEL · IMPÉRATIF

présent	passé	présent	passé	présent		
que j'appelle	que j'aie appelé	j'appellerais	j'aurais appelé			
que tu appelles	que tu aies appelé	tu appellerais	tu aurais appelé	appelle		
qu'il/elle/on appelle	qu'il/elle/on ait appelé	il/elle/on appellerait	il/elle/on aurait appelé			
que nous appelions	que nous ayons appelé	nous appellerions	nous aurions appelé	appelons		
que vous appeliez	que vous ayez appelé	vous appelleriez	vous auriez appelé	appelez		
qu'ils/elles appellent	qu'ils/elles aient appelé	ils/elles appelleraient	ils/elles auraient appelé			

ENVOYER (envoyé)

INDICATIF

présent	passé composé	imparfait	plus-que-parfait	passé simple	futur simple	futur antérieur
j'envoie	j'ai envoyé	j'envoyais	j'avais envoyé	j'envoyai	j'enverrai	j'aurai envoyé
tu envoies	tu as envoyé	tu envoyais	tu avais envoyé	tu envoyas	tu enverras	tu auras envoyé
il/elle/on envoie	il/elle/on a envoyé	il/elle/on envoyait	il/elle/on avait envoyé	il/elle/on envoya	il/elle/on enverra	il/elle/on aura envoyé
nous envoyons	nous avons envoyé	nous envoyions	nous avions envoyé	nous envoyâmes	nous enverrons	nous aurons envoyé
vous envoyez	vous avez envoyé	vous envoyiez	vous aviez envoyé	vous envoyâtes	vous enverrez	vous aurez envoyé
ils/elles envoient	ils/elles ont envoyé	ils/elles envoyaient	ils/elles avaient envoyé	ils/elles envoyèrent	ils/elles enverront	ils/elles auront envoyé

SUBJONCTIF · CONDITIONNEL · IMPÉRATIF

présent	passé	présent	passé	présent		
que j'envoie	que j'aie envoyé	j'enverrais	j'aurais envoyé			
que tu envoies	que tu aies envoyé	tu enverrais	tu aurais envoyé	envoie		
qu'il/elle/on envoie	qu'il/elle/on ait envoyé	il/elle/on enverrait	il/elle/on aurait envoyé			
que nous envoyions	que nous ayons envoyé	nous enverrions	nous aurions envoyé	envoyons		
que vous envoyiez	que vous ayez envoyé	vous enverriez	vous auriez envoyé	envoyez		
qu'ils/elles envoient	qu'ils/elles aient envoyé	ils/elles enverraient	ils/elles auraient envoyé			

VERBES RÉFLEXIFS (OU PRONOMINAUX)

SE LEVER* (levé)

*• Il peut aussi s'employer avec l'auxiliaire **avoir** quand il n'est pas pronominal :*
Aujourd'hui, j'ai levé le bras en classe.

INDICATIF

présent	passé composé	imparfait	plus-que-parfait	passé simple	futur simple	futur antérieur
je me lève	je me suis levé(e)	je me levais	je m'étais levé(e)	je me levai	je me lèverai	je me serai levé(e)
tu te lèves	tu t'es levé(e)	tu te levais	tu t'étais levé(e)	tu te levas	tu te lèveras	tu te seras levé(e)
il/elle/on se lève	il/elle/on s'est levé(e)	il/elle/on se levait	il/elle/on s'était levé(e)	il/elle/on se leva	il/elle/on se lèvera	il/elle/on se sera levé(e)
nous nous levons	nous nous sommes levé(e)s	nous nous levions	nous nous étions levé(e)s	nous nous levâmes	nous nous lèverons	nous nous serons levé(e)s
vous vous levez	vous vous êtes levé(e)(s)	vous vous leviez	vous vous étiez levé(e)(s)	vous vous levâtes	vous vous lèverez	vous vous serez levé(e)(s)
ils/elles se lèvent	ils/elles se sont levé(e)s	ils/elles se levaient	ils/elles s'étaient levé(e)s	ils/elles se levèrent	ils/elles se lèveront	ils/elles se seront levé(e)s

SUBJONCTIF		CONDITIONNEL		IMPÉRATIF		
présent	passé	présent	passé	présent		
que je me lève	que je me sois levé(e)	je me lèverais	je me serais levé(e)			
que tu te lèves	que tu te sois levé(e)	tu te lèverais	tu te serais levé(e)	lève-toi		
qu'il/elle/on se lève	qu'il/elle/on se soit levé(e)	il/elle/on se lèverait	il/elle/on se serait levé(e)			
que nous nous levions	que nous nous soyons levé(e)s	nous nous lèverions	nous nous serions levé(e)s	levons-nous		
que vous vous leviez	que vous vous soyez levé(e)(s)	vous vous lèveriez	vous vous seriez levé(e)(s)	levez-vous		
qu'ils/elles se lèvent	qu'ils/elles se soient levé(e)s	ils/elles se lèveraient	ils/elles se seraient levé(e)s			

AUTRES VERBES (2e ET 3e GROUPES)

CONNAÎTRE (connu)

*• Tous les verbes en **-aître** se conjuguent sur ce modèle.*

INDICATIF

présent	passé composé	imparfait	plus-que-parfait	passé simple	futur simple	futur antérieur
je connais	j'ai connu	je connaissais	j'avais connu	je connus	je connaîtrai	j'aurai connu
tu connais	tu as connu	tu connaissais	tu avais connu	tu connus	tu connaîtras	tu auras connu
il/elle/on connaît	il/elle/on a connu	il/elle/on connaissait	il/elle/on avait connu	il/elle/on connut	il/elle/on connaîtra	il/elle/on aura connu
nous connaissons	nous avons connu	nous connaissions	nous avions connu	nous connûmes	nous connaîtrons	nous aurons connu
vous connaissez	vous avez connu	vous connaissiez	vous aviez connu	vous connûtes	vous connaîtrez	vous aurez connu
ils/elles connaissent	ils/elles ont connu	ils/elles connaissaient	ils/elles avaient connu	ils/elles connurent	ils/elles connaîtront	ils/elles auront connu

SUBJONCTIF		CONDITIONNEL		IMPÉRATIF		
présent	passé	présent	passé	présent		
que je connaisse	que j'aie connu	je connaîtrais	j'aurais connu			
que tu connaisses	que tu aies connu	tu connaîtrais	tu aurais connu	connais		
qu'il/elle/on connaisse	qu'il/elle/on ait connu	il/elle/on connaîtrait	il/elle/on aurait connu			
que nous connaissions	que nous ayons connu	nous connaîtrions	nous aurions connu	connaissons		
que vous connaissiez	que vous ayez connu	vous connaîtriez	vous auriez connu	connaissez		
qu'ils/elles connaissent	qu'ils/elles aient connu	ils/elles connaîtraient	ils/elles auraient connu			

DEVOIR (dû)

INDICATIF

présent	passé composé	imparfait	plus-que-parfait	passé simple	futur simple	futur antérieur
je dois	j'ai dû	je devais	j'avais dû	je dus	je devrai	j'aurai dû
tu dois	tu as dû	tu devais	tu avais dû	tu dus	tu devras	tu auras dû
il/elle/on doit	il/elle/on a dû	il/elle/on devait	il/elle/on avait dû	il/elle/on dut	il/elle/on devra	il/elle/on aura dû
nous devons	nous avons dû	nous devions	nous avions dû	nous dûmes	nous devrons	nous aurons dû
vous devez	vous avez dû	vous deviez	vous aviez dû	vous dûtes	vous devrez	vous aurez dû
ils/elles doivent	ils/elles ont dû	ils/elles devaient	ils/elles avaient dû	ils/elles durent	ils/elles devront	ils/elles auront dû

SUBJONCTIF		CONDITIONNEL				
présent	passé	présent	passé			
que je doive	que j'aie dû	je devrais	j'aurais dû			
que tu doives	que tu aies dû	tu devrais	tu aurais dû			
qu'il/elle/on doive	qu'il/elle/on ait dû	il/elle/on devrait	il/elle/on aurait dû			
que nous devions	que nous ayons dû	nous devrions	nous aurions dû			
que vous deviez	que vous ayez dû	vous devriez	vous auriez dû			
qu'ils/elles doivent	qu'ils/elles aient dû	ils/elles devraient	ils/elles auraient dû			

FAIRE (fait)

• *La forme -ai dans **nous faisons** se prononce [ɛ].*

INDICATIF

présent	passé composé	imparfait	plus-que-parfait	passé simple	futur simple	futur antérieur
je fais	j'ai fait	je faisais	j'avais fait	je fis	je ferai	j'aurai fait
tu fais	tu as fait	tu faisais	tu avais fait	tu fis	tu feras	tu auras fait
il/elle/on fait	il/elle/on a fait	il/elle/on faisait	il/elle/on avait fait	il/elle/on fit	il/elle/on fera	il/elle/on aura fait
nous faisons	nous avons fait	nous faisions	nous avions fait	nous fîmes	nous ferons	nous aurons fait
vous faites	vous avez fait	vous faisiez	vous aviez fait	vous fîtes	vous ferez	vous aurez fait
ils/elles font	ils/elles ont fait	ils/elles faisaient	ils/elles avaient fait	ils/elles firent	ils/elles feront	ils/elles auront fait

SUBJONCTIF		CONDITIONNEL		IMPÉRATIF		
présent	passé	présent	passé	présent		
que je fasse	que j'aie fait	je ferais	j'aurais fait			
que tu fasses	que tu aies fait	tu ferais	tu aurais fait	fais		
qu'il/elle/on fasse	qu'il/elle/on ait fait	il/elle/on ferait	il/elle/on aurait fait			
que nous fassions	que nous ayons fait	nous ferions	nous aurions fait	faisons		
que vous fassiez	que vous ayez fait	vous feriez	vous auriez fait	faites		
qu'ils/elles fassent	qu'ils/elles aient fait	ils/elles feraient	ils/elles auraient fait			

METTRE (mis)

INDICATIF

présent	passé composé	imparfait	plus-que-parfait	passé simple	futur simple	futur antérieur
je mets	j'ai mis	je mettais	j'avais mis	je mis	je mettrai	j'aurai mis
tu mets	tu as mis	tu mettais	tu avais mis	tu mis	tu mettras	tu auras mis
il/elle/on met	il/elle/on a mis	il/elle/on mettait	il/elle/on avait mis	il/elle/on mit	il/elle/on mettra	il/elle/on aura mis
nous mettons	nous avons mis	nous mettions	nous avions mis	nous mîmes	nous mettrons	nous aurons mis
vous mettez	vous avez mis	vous mettiez	vous aviez mis	vous mîtes	vous mettrez	vous aurez mis
ils/elles mettent	ils/elles ont mis	ils/elles mettaient	ils/elles avaient mis	ils/elles mirent	ils/elles mettront	ils/elles auront mis

SUBJONCTIF		CONDITIONNEL		IMPÉRATIF		
présent	passé	présent	passé	présent		
que je mette	que j'aie mis	je mettrais	j'aurais mis			
que tu mettes	que tu aies mis	tu mettrais	tu aurais mis	mets		
qu'il/elle/on mette	qu'il/elle/on ait mis	il/elle/on mettrait	il/elle/on aurait mis			
que nous mettions	que nous ayons mis	nous mettrions	nous aurions mis	mettons		
que vous mettiez	que vous ayez mis	vous mettriez	vous auriez mis	mettez		
qu'ils/elles mettent	qu'ils/elles aient mis	ils/elles mettraient	ils/elles auraient mis			

PARTIR* (parti)

INDICATIF

présent	passé composé	imparfait	plus-que-parfait	passé simple	futur simple	futur antérieur
je pars	je suis parti(e)	je partais	j'étais parti(e)	je partis	je partirai	je serai parti(e)
tu pars	tu es parti(e)	tu partais	tu étais parti(e)	tu partis	tu partiras	tu seras parti(e)
il/elle/on part	il/elle/on est parti(e)	il/elle/on partait	il/elle/on était parti(e)	il/elle/on partit	il/elle/on partira	il/elle/on sera parti(e)
nous partons	nous sommes parti(e)s	nous partions	nous étions parti(e)s	nous partîmes	nous partirons	nous serons parti(e)s
vous partez	vous êtes parti(e)(s)	vous partiez	vous étiez parti(e)(s)	vous partîtes	vous partirez	vous serez parti(e)(s)
ils/elles partent	ils/elles sont parti(e)s	ils/elles partaient	ils/elles étaient parti(e)s	ils/elles partirent	ils/elles partiront	ils/elles seront parti(e)s

SUBJONCTIF		CONDITIONNEL		IMPÉRATIF		
présent	passé	présent	passé	présent		
que je parte	que je sois parti(e)	je partirais	je serais parti(e)			
que tu partes	que tu sois parti(e)	tu partirais	tu serais parti(e)	pars		
qu'il/elle/on parte	qu'il/elle/on soit parti(e)	il/elle/on partirait	il/elle/on serait parti(e)			
que nous partions	que nous soyons parti(e)s	nous partirions	nous serions parti(e)s	partons		
que vous partiez	que vous soyez parti(e)(s)	vous partiriez	vous seriez parti(e)(s)	partez		
qu'ils/elles partent	qu'ils/elles soient parti(e)s	ils/elles partiraient	ils/elles seraient parti(e)s			

POUVOIR (pu)

INDICATIF

présent	passé composé	imparfait	plus-que-parfait	passé simple	futur simple	futur antérieur
je peux	j'ai pu	je pouvais	j'avais pu	je pus	je pourrai	j'aurai pu
tu peux	tu as pu	tu pouvais	tu avais pu	tu pus	tu pourras	tu auras pu
il/elle/on peut	il/elle/on a pu	il/elle/on pouvait	il/elle/on avait pu	il/elle/on put	il/elle/on pourra	il/elle/on aura pu
nous pouvons	nous avons pu	nous pouvions	nous avions pu	nous pûmes	nous pourrons	nous aurons pu
vous pouvez	vous avez pu	vous pouviez	vous aviez pu	vous pûtes	vous pourrez	vous aurez pu
ils/elles peuvent	ils/elles ont pu	ils/elles pouvaient	ils/elles avaient pu	ils/elles purent	ils/elles pourront	ils/elles auront pu

SUBJONCTIF / CONDITIONNEL

présent	passé	présent	passé			
que je puisse	que j'aie pu	je pourrais	j'aurais pu			
que tu puisses	que tu aies pu	tu pourrais	tu aurais pu			
qu'il/elle/on puisse	qu'il/elle/on ait pu	il/elle/on pourrait	il/elle/on aurait pu			
que nous puissions	que nous ayons pu	nous pourrions	nous aurions pu			
que vous puissiez	que vous ayez pu	vous pourriez	vous auriez pu			
qu'ils/elles puissent	qu'ils/elles aient pu	ils/elles pourraient	ils/elles auraient pu			

• Dans les questions avec inversion de verbe et du sujet, on utilise la forme ancienne de la 1re personne du singulier :
Puis-je vous renseigner ?

PRENDRE (pris)

INDICATIF

présent	passé composé	imparfait	plus-que-parfait	passé simple	futur simple	futur antérieur
je prends	j'ai pris	je prenais	j'avais pris	je pris	je prendrai	j'aurai pris
tu prends	tu as pris	tu prenais	tu avais pris	tu pris	tu prendras	tu auras pris
il/elle/on prend	il/elle/on a pris	il/elle/on prenait	il/elle/on avait pris	il/elle/on prit	il/elle/on prendra	il/elle/on aura pris
nous prenons	nous avons pris	nous prenions	nous avions pris	nous prîmes	nous prendrons	nous aurons pris
vous prenez	vous avez pris	vous preniez	vous aviez pris	vous prîtes	vous prendrez	vous aurez pris
ils/elles prennent	ils/elles ont pris	ils/elles prenaient	ils/elles avaient pris	ils/elles prirent	ils/elles prendront	ils/elles auront pris

SUBJONCTIF / CONDITIONNEL / IMPÉRATIF

présent	passé	présent	passé	présent		
que je prenne	que j'aie pris	je prendrais	j'aurais pris			
que tu prennes	que tu aies pris	tu prendrais	tu aurais pris	prends		
qu'il/elle/on prenne	qu'il/elle/on ait pris	il/elle/on prendrait	il/elle/on aurait pris			
que nous prenions	que nous ayons pris	nous prendrions	nous aurions pris	prenons		
que vous preniez	que vous ayez pris	vous prendriez	vous auriez pris	prenez		
qu'ils/elles prennent	qu'ils/elles aient pris	ils/elles prendraient	ils/elles auraient pris			

SAVOIR (su)

INDICATIF

présent	passé composé	imparfait	plus-que-parfait	passé simple	futur simple	futur antérieur
je sais	j'ai su	je savais	j'avais su	je sus	je saurai	j'aurai su
tu sais	tu as su	tu savais	tu avais su	tu sus	tu sauras	tu auras su
il/elle/on sait	il/elle/on a su	il/elle/on savait	il/elle/on avait su	il/elle/on sut	il/elle/on saura	il/elle/on aura su
nous savons	nous avons su	nous savions	nous avions su	nous sûmes	nous saurons	nous aurons su
vous savez	vous avez su	vous saviez	vous aviez su	vous sûtes	vous saurez	vous aurez su
ils/elles savent	ils/elles ont su	ils/elles savaient	ils/elles avaient su	ils/elles surent	ils/elles sauront	ils/elles auront su

SUBJONCTIF		CONDITIONNEL		IMPÉRATIF		
présent	passé	présent	passé	présent		
que je sache	que j'aie su	je saurais	j'aurais su			
que tu saches	que tu aies su	tu saurais	tu aurais su	sache		
qu'il/elle/on sache	qu'il/elle/on ait su	il/elle/on saurait	il/elle/on aurait su			
que nous sachions	que nous ayons su	nous saurions	nous aurions su	sachons		
que vous sachiez	que vous ayez su	vous sauriez	vous auriez su	sachez		
qu'ils/elles sachent	qu'ils/elles aient su	ils/elles sauraient	ils/elles auraient su			

VOULOIR (voulu)

INDICATIF

présent	passé composé	imparfait	plus-que-parfait	passé simple	futur simple	futur antérieur
je veux	j'ai voulu	je voulais	j'avais voulu	je voulus	je voudrai	j'aurai voulu
tu veux	tu as voulu	tu voulais	tu avais voulu	tu voulus	tu voudras	tu auras voulu
il/elle/on veut	il/elle/on a voulu	il/elle/on voulait	il/elle/on avait voulu	il/elle/on voulut	il/elle/on voudra	il/elle/on aura voulu
nous voulons	nous avons voulu	nous voulions	nous avions voulu	nous voulûmes	nous voudrons	nous aurons voulu
vous voulez	vous avez voulu	vous vouliez	vous aviez voulu	vous voulûtes	vous voudrez	vous aurez voulu
ils/elles veulent	ils/elles ont voulu	ils/elles voulaient	ils/elles avaient voulu	ils/elles voulurent	ils/elles voudront	ils/elles auront voulu

SUBJONCTIF		CONDITIONNEL		IMPÉRATIF		
présent	passé	présent	passé	présent		
que je veuille	que j'aie voulu	je voudrais	j'aurais voulu			
que tu veuilles	que tu aies voulu	tu voudrais	tu aurais voulu	veuille		
qu'il/elle/on veuille	qu'il/elle/on ait voulu	il/elle/on voudrait	il/elle/on aurait voulu			
que nous voulions	que nous ayons voulu	nous voudrions	nous aurions voulu	voulons		
que vous vouliez	que vous ayez voulu	vous voudriez	vous auriez voulu	veuillez		
qu'ils/elles veuillent	qu'ils/elles aient voulu	ils/elles voudraient	ils/elles auraient voulu			

accepter	*qqch* *de* + infinitif *que* + subjonctif	*J'accepte votre offre avec plaisir.* *Il n'accepte pas d'avoir tort.* *Il n'accepte pas qu'on lui fasse des critiques.*
aimer	*qqn ou qqch* + infinitif + *que* + subjonctif	*J'aime mes voisins ; j'aime le chocolat noir.* *J'aime aller au cinéma le dimanche.* *Ils aimeraient que je sois avec eux.*
apercevoir	*qqn ou qqch*	*J'aperçois Marie au bout de la rue.*
s'apercevoir	*que* + indicatif	*Je me suis aperçu qu'on m'avait volé mon passeport.*
apprendre	*qqch* *qqch à quelqu'un* *que* + indicatif *à faire qqch* *à faire qqch à qqn*	*Mon copain apprend l'allemand au Goethe-Institut.* *Il m'a appris son départ hier soir.* *Vous avez appris qu'il partait ?* *J'ai appris à faire des sushis.* *J'ai appris à ma voisine à faire des sushis.*
arrêter	Ø *qqn* *qqch* *de* + infinitif	*Arrête ! Ça suffit !* *La police a arrêté trois personnes.* *Arrêtez ce bruit !* *Il n'a pas arrêté de pleuvoir depuis deux jours.*
arriver	Ø *à faire qqch*	*Regarde, il arrive. Enfin !* *Je n'arrive pas à te croire !*
il arrive	*qqch à qqn*	*Qu'est-ce qui/qu'il t'est arrivé ?* *Il m'est arrivé quelque chose de bizarre.*
attendre	+ durée *qqch ou qqn* *de* + infinitif *que* + subjonctif	*Attends une minute !* *J'attends le bus ; j'attends mon frère.* *Il attend d'avoir son bac pour s'inscrire à l'université.* *On attend qu'il ne pleuve plus pour sortir.*
avoir	*qqch* + âge *qqch / qqn à* + infinitif	*J'ai une belle petite voiture rouge.* *Il a dix-neuf ans.* *J'ai un travail à finir ; j'ai un ami à voir.*
avoir	+ nom sans article	*avoir faim, soif, chaud, froid, mal, peur de, besoin de, envie de ...*
avoir beau	+ infinitif	*Tu auras beau insister, elle n'acceptera jamais.*
changer	Ø *qqch* *de* + qqn ou qqch	*Je n'avais pas vu Driss depuis dix ans. Il a changé !* *Il faut changer les pneus de la voiture.* *Il a changé de copine ; il a changé de style.*
chercher	Ø *qqn ou qqch* *à* + infinitif	*Allez, Milou ! Cherche !* *Va chercher les enfants à l'école ! Cherche une solution !* *Il ne cherche pas à comprendre.*
commencer	Ø *qqch* *à* + infinitif *par* + qqn ou qqch *par* + infinitif	*Ah ! Ne commence pas !* *On commence les travaux dans l'immeuble demain.* *Il commence à neiger.* *Je commence par Nina ? Commence par le commencement !* *Elle a commencé par rire et puis elle est devenue sérieuse.*
compter	Ø *qqn ou qqch* *sur* qqn ou qqch	*Je compte jusqu'à dix et j'y vais !* *Tu comptes les moutons pour t'endormir ?* *Ne comptez ni sur moi ni sur la chance.*
conseiller	*qqn* *qqch à qqn* *à* + qqn + *de* + infinitif	*C'est lui qui conseille le Président.* *Le médecin m'a conseillé le repos complet.* *Le médecin a conseillé à Luc de se reposer.*

continuer	Ø	*Tu n'es pas fatigué ? On continue ?*
	qqch	*Tu continues tes études ou tu arrêtes ?*
	à / de + infinitif	*Il continuera à / de travailler après soixante-cinq ans ?*
craindre	*qqn, qqch*	*Il ne craint personne ! Je crains le froid.*
	de + infinitif	*Je crains de m'être trompé.*
	que + subjonctif	*Je crains qu'on (ne) se soit trompés.*
croire	*qqn, qqch + infinitif*	*Il ne faut pas croire n'importe qui ou n'importe quoi !*
		Il croit toujours être meilleur que les autres ! (Ou : il se croit toujours meilleur que les autres !)
	que + indicatif	*Je crois que les choses vont s'arranger.*
décider	*de + infinitif*	*On a décidé de prendre l'autoroute A13.*
	que + indicatif	*Il a décidé qu'il préférait partir tout seul.*
demander	*qqn ou qqch*	*Vous demandez qui ? Paolo ? / Tu demandes l'addition ?*
	à qqn + de + infinitif	*Je vous demande de vous taire !*
	si + indicatif	*Il a demandé si tu avais besoin de lui. (= interrogation)*
	que + subjonctif	*Elle demande que tu viennes tout de suite. (= ordre)*
dire	*qqch à qqn*	*Dis-lui la vérité !*
	+ infinitif	*Il dit être venu.*
	à qqn + de + infinitif	*Je vous avais dit de faire attention !*
	que + indicatif	*Il dit qu'il est venu. (= assertion)*
	que + subjonctif	*Dis-lui qu'il vienne ! (= ordre)*
donner	*qqch à qqn*	*Donne-moi cent euros, s'il te plaît.*
	qqch + à + inf	*Il nous a donné un exercice à faire pour demain.*
	sur qqch	*La chambre donne sur le parc.*
empêcher	*qqch*	*Il faut empêcher cette catastrophe !*
	qqn + de + infinitif	*Empêchons-le de faire cette folie !*
	que + subjonctif	*Il faut empêcher que cette situation (ne) se reproduise.*
entrer	Ø	*Entre ! C'est ouvert !*
	à / dans / chez + lieu	*Il prépare le concours d'entrée à Sciences Po. / N'entre pas dans ma chambre ! / Elle est entrée chez L'Oréal il y a deux ans.*
envoyer	*qqch à qqn*	*Tu devrais envoyer ta candidature à cette entreprise.*
	qqn + à / en (lieu)	*Je vais envoyer mon fils en Angleterre pour les vacances.*
	qqn + infinitif	*Envoie Sonia faire les courses à ta place, tu es fatiguée.*
expliquer	*qqch à qqn*	*Tu peux m'expliquer cette règle de grammaire ?*
	à qqn + que + indicatif	*Il nous a expliqué qu'il était obligé de partir.*
finir	*qqch*	*Tu as fini ton travail ?*
	de + infinitif	*Tu as fini de travailler ?*
	par qqch	*Ce mot finit par une voyelle.*
	par + infinitif	*Le suspect a fini par dire la vérité.*
insister	Ø	*Il vaut mieux ne pas insister, je crois.*
	sur qqch	*Insistez un peu sur la conclusion, elle est trop rapide.*
	pour + infinitif	*Il insiste pour venir. On lui dit oui ?*
	pour que + subjonctif	*Elle a insisté pour qu'il vienne.*
laisser	*qqn*	*On laisse les enfants à la maison ou on les emmène ?*
	qqch	*Ne laisse pas tes affaires ici. Range-les !*
	qqch à qqn	*Je te laisse trente euros pour les courses.*
	qqn + infinitif	*Tu peux le laisser entrer.*

manquer	**à** qqn qqch **de** qqch	Il te manque beaucoup ? Oui, je suis triste sans lui. Nous avons manqué le début du film. Elle manque de patience, et lui, il manque d'énergie.
il manque	qqch à qqn	Il me manque cinq euros pour acheter ce pull.
mettre	qqch (vêtements) qqch + lieu qqn + lieu + durée	Mets ton écharpe, il fait froid. Mets tes clés dans ta poche. On l'a mis en prison. Il n'y avait plus de métro : j'ai mis deux heures pour rentrer !
se mettre	**en** + qqch **à** + infinitif	Ne te mets pas en colère. Il s'est mis à pleurer
ordonner	qqch à qqn + **de** + infinitif **que** + subjonctif	Napoléon a ordonné la retraite de ses troupes Je t'ordonne de descendre immédiatement ! Il a ordonné qu'on ne dise plus un mot !
oublier	Ø qqn, qqch **de** + infinitif **que** + indicatif	J'y pense et puis j'oublie ! Ne m'oublie pas. / N'oublie pas ta veste ! N'oublie pas de prendre le pain en rentrant. N'oublie pas que c'est son anniversaire demain.
parler	Ø + une langue à qqn à qqn de qqch **de** + infinitif	Chut ! Personne ne parle ! Tu parles grec ? Je ne lui parle plus, on est fâchés ! Parle-moi un peu de tes projets. Tu ne parles plus de quitter ton travail ? Ça va mieux ?
passer	qqch à qqn **à** / **chez** + lieu **par** + lieu + infinitif **pour** + qqch ou qqn	Passe-moi le ballon. Je peux passer chez toi demain ? Pour aller à Marseille, on passe par Lyon ? Oui, passe nous dire un petit bonjour. Il passe pour un génie dans sa famille !
penser	**à** qqn / **à** qqch + infinitif **à** + infinitif qqch de qqn **que** + indicatif	Ne pense plus à ton copain, pense plutôt à tes études ! Ils ne pensent pas retourner sur la Côte cette année. Pense à téléphoner à Mamie pour ses soixante-dix ans. Je pense beaucoup de bien de lui. Je pense que tu as raison.
se plaindre	**de** qqn / **de** qqch **de** + infinitif **que** + indicatif	Il se plaint de tout et de tout le monde ! Elle se plaint d'avoir mal partout. Elle se plaint que personne ne s'intéresse à elle.
prendre	qqch + durée + moyen de transport	Prenez vos livres et ouvrez-les à la page 45. J'ai fait le ménage, ça m'a pris deux heures. Je n'ai jamais pris l'avion/ le train/ le bus/ le métro de ma vie.
rappeler	qqn (au téléphone) qqn à qqn qqch à qqn	Je te rappelle ce soir. Elle me rappelle ma sœur ! Elle lui ressemble beaucoup. Cette odeur me rappelle la maison de mon enfance.
se rappeler	qqch **que** + indicatif	Je me rappelle très bien le nom de cet homme ! Tu te rappelles qu'on a rendez-vous chez Viviana ?
reconnaître	qqn ou qqch + infinitif **que** + indicatif	Il a tellement changé que je ne l'ai pas reconnu. Elle a reconnu (admis) avoir fait une erreur. Elle a reconnu (admis) qu'elle avait fait une erreur.
refuser	Ø **de** + infinitif **que** + subjonctif	Pas question ! C'est non ! Je refuse ! Il a toujours refusé d'avoir des responsabilités. Je refuse que tu ailles à cette soirée sans moi.

regretter	Ø	*Non, je regrette, je ne peux pas accepter.*
	de + *infinitif*	*Ils ont regretté d'avoir acheté cette maison.*
	que + *subjonctif*	*On a tous regretté que tu n'aies pas pu être là.*
réussir	*qqch*	*J'ai réussi mon examen de français !*
	à + *infinitif*	*Il a réussi à traverser la Manche à la nage.*
répondre	Ø	*J'ai appelé mais personne n'a répondu.*
	à qqn ou qqch	*Pourquoi tu n'as pas répondu à cette question ?*
	de + *infinitif*	*J'ai posé la question et on m'a répondu d'aller au guichet n°3.*
	que + *indicatif*	*Je leur ai répondu que ce n'était pas possible.*
rêver	Ø	*Olivier ! Tu n'as rien écouté ! Tu rêves !*
	de qqn / de qqch	*J'ai rêvé de toi la nuit dernière !*
	de + *infinitif*	*Il rêve d'aller en Tunisie.*
	que + *subjonctif*	*Je rêve qu'on y aille ensemble ! (= désirer, souhaiter)*
savoir	*qqch*	*Tu sais ta leçon ?*
	+ *infinitif*	*Tu sais nager ?*
	que + *indicatif*	*Tu sais qu'il est parti vivre en Australie ?*
souhaiter	*qqch à qqn*	*Je vous souhaite une très bonne année.*
	+ *infinitif*	*Nous souhaitons partir le 12 mars.*
	à qqn + *de* + *infinitif*	*Je vous souhaite de passer de bonnes vacances.*
	que + *subjonctif*	*Je souhaite que tout aille bien !*
tenir	*qqn / qqch*	*Tiens bien la barre du métro !*
	à qqn / à qqch	*Il tient beaucoup à sa montre, c'est un cadeau de ses parents.*
	à + *infinitif*	*Tu tiens vraiment à sortir ? Moi, je n'ai pas très envie.*
	de	*Naoto tient de son père : ils ont le même caractère.*
se tromper	Ø	*Attends ! On s'est trompés ! Il faut tout recommencer.*
	de qqch	*Elle s'est trompée de route et elle s'est perdue.*
il vaut mieux	+ *infinitif*	*Il vaut mieux rentrer vite, il va pleuvoir.*
	que + *subjonctif*	*Il vaut mieux que tu ailles à l'hôpital, c'est plus sûr !*

La grammaire du français B1

Auteurs
Patrick Guédon
Sylvie Poisson-Quinton

Révision pédagogique
Philippe Liria

Rédaction
Gema Ballesteros Pretel

Coordination éditoriale
Ginebra Caballero

Correction
Laetitia Riou

Mise en page
Enrique Rújula

Enregistrements
Coordination : Lourdes Muñiz

© **Photographies, images et textes.**
Pages 9, 15 Monkeybusinessimages/Dreamstime.com ; page 17 Eastwestimaging/Dreamstime.com, Chloehall/Dreamstime.com, LVDESIGN/Fotolia.com, Erwinova/Dreamstime.com ; page 21 nito/Fotolia.com, Alexander Tarassov/Fotolia.com, Viktorija/Fotolia.com, Comugnero Silvana/Fotolia.com ; page 29 MurielleB/Fotolia.com ; page 31 Aquariagirl1970/Dreamstime.com ; page 37 P.D Jankens/Wikimedia ; page 38 Lvnel/Dreamstime.com ; page 40 FilmMagic/GettyImages ; page 41 archiwiz/Fotolia.com ; page 43 WALERY/Wikimedia ; page 44 Leandro Crespi/Fotolia.com ; page 45 H. Rousseau_L.Dumont/Wikimedia ; page 49 BlueOrange Studio/Fotolia.com ; page 51 Arcady/Fotolia.com ; page 55 Tawand@/Fotolia.com ; page 58 brankatekic/Fotolia.com ; page 59 Gor Grigoryan/Fotolia.com, Dudau/Dreamstime.com, sumnersgraphicsinc/Fotolia.com ; page 63 Featureflash/Dreamstime.com ; page 66 shariel/Fotolia.com, risquemo/Fotolia.com ; page 70 fergregory/Fotolia.com, sablin/Fotolia.com ; page 75 Ursula1964/Dreamstime.com ; page 81 Dana/Dreamstime.com ; page 83 Mangostock/Dreamstime.com ; page 87 Firma V/Fotolia.com ; page 88 Tupungato/Dreamstime.com ; page 89 Jamstock/Dreamstime.com ; page 95 lightpoet/Fotolia.com ; page 100 Igor Mojzes/Fotolia.com, Minerva Studio/Fotolia.com ; page 102 Courbet/Wikimédia ; page 109 Patrick Guedon, slowcentury/Istockphoto.com ; page 111 Jean-Jérôme Baugean/Wikimédia ; page 119 william87/Fotolia.com ; page 120 Floki Fotos/Fotolia.com ; page 125 Yves Nicolas ; page 129 Eléonore H/Fotolia.com.

ISBN : 978-84-15640-16-5
Dépôt légal : B 19831-2013
Imprimé dans l'UE
Réimpression : décembre 2017

www.emdl.fr